Fitting/Auffarth/Kaiser

Betriebsänderung, Sozialplan und Konkurs

Betriebsänderung, Sozialplan und Konkurs

Kommentar

zu den §§ 111–113 des Betriebsverfassungsgesetzes i. d. F. des Art. 2 des Beschäftigungsförderungsgesetzes 1985 vom 26. April 1985

und

zum Gesetz über den Sozialplan im Konkurs- und Vergleichsverfahren vom 20. Februar 1985

von

Prof. Karl Fitting
Ministerialdirektor a. D.

Prof. Dr. jur. Fritz Auffarth
Vizepräsident
des Bundesarbeitsgerichts

Heinrich Kaiser
Ministerialdirigent
im Bundesministerium
für Arbeit und Sozialordnung

Dr. jur. Friedrich Heither
Richter am Bundesarbeitsgericht

zugleich Nachtrag zur 14. Auflage des Kommentars zum Betriebsverfassungsgesetz

von

Fitting / Auffarth / Kaiser

Verlag Franz Vahlen München

CIP-Kurztitelaufnahme der Deutschen Bibliothek

Betriebsänderung, Sozialplan und Konkurs :
Kommentar zu d. §§ 111–113 d. Betriebsverfassungsgesetzes i. d. F. d. Art. 2 d. Beschäftigungsförderungsgesetzes 1985 vom 26. April 1985 u. Vergleichsverfahren vom 20. Februar 1985; zugl. Nachtr. zur 14. Aufl. d. Kommentars zum Betriebsverfassungsgesetz von Fitting/Auffarth/Kaiser/von Karl Fitting ... – München: Vahlen, 1985.

ISBN 3 8006 1154 6

NE: Fitting, Karl [Mitverf.]; Fitting, Karl: Betriebsverfassungsgesetz

ISBN 3 8006 1154 6

Satz und Druck der C. H. Beck'schen Buchdruckerei, Nördlingen

Vorwort

13 Jahre hat das Betriebsverfassungsgesetz 1972, abgesehen von der Einfügung des § 78a, unverändert gegolten. Nunmehr hat der Gesetzgeber eine einschneidende Änderung des Unterabschnitts über Betriebsänderungen in Artikel 2 des Beschäftigungsförderungsgesetzes vom 26. April 1985 vorgesehen, die sich allerdings nur auf die Einschränkung des durch die Einigungsstelle erzwingbaren Sozialplans bezieht. Da die Neuregelung nur auf dem Hintergrund der bisherigen Rechtsprechung und Rechtslehre verständlich ist, war es erforderlich, den gesamten Abschnitt über Betriebsänderung neu zu kommentieren, wobei Literatur und Rechtsprechung bis zum 1. Juli 1985 berücksichtigt werden konnten.

Das Gesetz über den Sozialplan im Konkurs vom 20. Februar 1985 hat diesen Problemkreis erstmals gesetzlich geregelt, nachdem das Bundesverfassungsgericht durch Beschluß vom 19. Oktober 1983 die Entscheidung des Großen Senats des Bundesarbeitsgerichts vom 13. Dezember 1978 zum Teil für verfassungswidrig erklärt hatte. Im zweiten Teil dieses Nachtrags zur 14. Auflage des Kommentars wird daher erstmals eine geschlossene Kommentierung dieses Gesetzes vorgelegt, einschließlich der komplizierten Übergangsregelung in § 6 dieses Gesetzes.

Im Interesse der Kontinuität des Kommentars und wegen der Ausweitung der betriebsverfassungsrechtlich erheblichen Rechtsgebiete und Rechtsfragen ist als weiterer Verfasser Richter am Bundesarbeitsgericht Dr. Heither in die Autorengemeinschaft eingetreten.

Ein ausführliches Stichwortverzeichnis zu den beiden Teilen dieses Nachtrags soll dessen Benutzung erleichtern. Die Verfasser hoffen, daß auch dieser Nachtrag eine praktische Hilfe für die Arbeit der Betriebsräte, der Arbeitgeber, der Verbände und aller anderen am Betriebsverfassungsrecht interessierten Kreise sein wird.

Bonn/Kassel, im Juli 1985 *Die Verfasser*

Inhaltsverzeichnis

I. Betriebsverfassungsgesetz Kommentar zu §§ 111–113

Zweiter Unterabschnitt. Betriebsänderungen

§ 111 Betriebsänderungen

Der Unternehmer hat in Betrieben mit in der Regel mehr als zwanzig wahlberechtigten Arbeitnehmern den Betriebsrat über geplante Betriebsänderungen, die wesentliche Nachteile für die Belegschaft oder erhebliche Teile der Belegschaft zur Folge haben können, rechtzeitig und umfassend zu unterrichten und die geplanten Betriebsänderungen mit dem Betriebsrat zu beraten. Als Betriebsänderungen im Sinne des Satzes 1 gelten

1. Einschränkung und Stillegung des ganzen Betriebs oder von wesentlichen Betriebsteilen,
2. Verlegung des ganzen Betriebs oder von wesentlichen Betriebsteilen,
3. Zusammenschluß mit anderen Betrieben,
4. grundlegende Änderungen der Betriebsorganisation, des Betriebszwecks oder der Betriebsanlagen,
5. Einführung grundlegend neuer Arbeitsmethoden und Fertigungsverfahren.

Inhaltsübersicht

1. Vorbemerkung

1 Die Vorschriften der §§ 111–113 behandeln das MBR des BR bei Betriebsänderungen, die wesentl. Nachteile für die ArbN zur Folge haben können. Ihr Zweck ist, die Arbeitsplätze und die soziale Stellung der ArbN nach Möglichkeit zu sichern (h. M.). Das **MBR in sozialen und personellen Maßnahmen bleibt unberührt** (h. M.; es wird sich häufig als Folge einer Betriebsänderung ergeben). Während der WiAusschuß für das gesamte Unternehmen errichtet wird (d. h. unabhängig von der

Zahl der Betriebe, aus denen das Unternehmen besteht), liegt das Schwergewicht der Mitbestimmung im einzelnen Betrieb, so daß in **erster Linie die Zuständigkeit des BR** gegeben ist. Der **GesBR** ist außer im Fall der Beauftragung nach § 50 Abs. 2 unmittelbar nur nach § 50 Abs. 1 zuständig, d. h. soweit es sich um Angelegenheiten handelt, die das gesamte Unternehmen oder zumindest mehrere Betriebe betreffen und nicht durch die einzelnen BR innerhalb ihrer Betriebe geregelt werden können (z. B. Einschränkung oder Stillegung mehrerer oder aller Betriebe des Unternehmens aus wirtschaftlichen Gründen nach einem bestimmten Plan, ggfls. mit Versetzung von ArbN u. einheitlichem Sozialplan für das Unternehmen, Änderung der Arbeitsmethoden für sämtliche Betriebe, Änderung des Unternehmenszwecks, Umstellung der arbeitsteiligen Produktionsweise des gesamten Unternehmens), bei denen also die Zuständigkeit des GesBR sich aus der Natur der Sache notwendig ergibt (BAG 17. 2. 81, 26. 10. 82, AP Nr. 11 zu § 112 BetrVG 72, AP Nr. 10 zu § 111 BetrVG 72; *Dietz-Richardi,* Rdnr. 115; *Galperin-Löwisch,* Rdnr. 13; *Mothes,* ArbuR 75, 327f.; *Kammann-Hess-Schlochauer,* Rdnr. 4; *Fuchs,* Sozialplan nach dem BetrVG 72, S. 92 hält den GesBR nur bei Stillegung des gesamten Unternehmens für zuständig). Soweit danach das MBR dem GesBR zusteht, oder dieser vom einzelnen BR beauftragt ist, gelten die nachfolgenden Ausführungen entsprechend für seine Befugnisse und Tätigkeiten (vgl. § 50 Rdnr. 29ff.). Entsprechendes gilt für einen bestehenden KBR (§ 58).

2 Der Unterabschnitt über Betriebsänderungen ist durch das Beschäftigungsförderungsgesetz **(BeschFG)** vom 26. 4. 1985 (BGBl I, S. 710) geändert worden. Diese Änderungen greifen nur punktuell in einzelne Beteiligungsrechte des BR ein, wie die folgende **systematische Übersicht** ergibt: Die Änderungen des BeschFG betreffen **nicht** die Frage, **wann eine Betriebsänderung** i. S. von § 111 **vorliegt.** Diese Bestimmung bleibt unberührt. Betriebsänderung kann auch ein Personalabbau sein (vgl. dazu Rdnr.19). Das BAG hat den **Personalabbau** als Betriebsänderung von der Zahl der betroffenen ArbN und der Größe des Betriebes abhängig gemacht (vgl. Staffel in Rdnr. 19). Diese Rechtslage bleibt unverändert. Für die Frage, ob eine Betriebsänderung i. S. v. § 111 vorliegt, gilt weiterhin die **alte Staffel.**

An das Vorliegen einer Betriebsänderung knüpfen die **Unterrichtungs- und Beratungspflichten** nach § 111 Satz 1 an. Sie bestehen **unverändert bei jeder Betriebsänderung** i. S. von § 111, also auch wenn nach der bisherigen Staffel des BAG, aber nicht nach der des BeschFG (§§ 112, 112a Rdnr. 17) eine Betriebsänderung vorliegt.

Unverändert ist auch die Rechtslage für den **Interessenausgleich.** Er ist bei jeder Betriebsänderung i. S. von § 111 durchzuführen. Besteht die Betriebsänderung in einem **Personalabbau,** ist über den Interessenausgleich schon zu verhandeln, wenn die Voraussetzungen nach der **alten Staffel** vorliegen. Insoweit hat der BR die Möglichkeit, Arbeitnehmerinteressen im Verfahren des Interessenausgleichs geltend zu machen (vgl. §§ 112, 112a Rdnr. 3).

Unverändert bleiben weiter die Bestimmungen über den **freiwillig**

zwischen ArbGeb. und BR **ausgehandelten Sozialplan.** Das BeschFG schränkt die Gestaltungsmöglichkeiten insoweit nicht ein. Die Richtlinien des § 112 Abs. 5 n. F. (vgl. §§ 112, 112a Rdnr. 33ff.) betreffen nur die Ermessensentscheidungen der E-Stelle. Bei freiwilligen BV sind ArbGeb und BR nicht an diese Richtlinien gebunden.

Neu ist die Bestimmung, daß bei einer Betriebsänderung in Form eines **Personalabbaus** ein Sozialplan nicht mehr in allen Fällen nach der bisherigen Rechtsprechung des BAG (vgl. Rdnr. 19) erzwingbar ist. Soweit eine Betriebsänderung allein in der Entlassung von ArbN liegt (Personalabbau) kann ein **Sozialplan nur erzwungen werden, wenn die Voraussetzungen einer neuen Staffel (§ 112a Abs. 1) vorliegen,** die die Zahlen bzw. Prozentsätze anhebt (vgl. § 112, 112a, Rdnr. 17). Wegen der unterschiedlichen Staffel gibt es Betriebsänderungen, die Unterrichtungs- und Beratungspflichten auslösen, zu einem Interessenausgleichsversuch verpflichten, aber nicht zum Aufstellen eines Sozialplans.

Neu ist weiter die Bestimmung, daß **Sozialpläne nicht in neugegründete Unternehmen** in den ersten vier Jahren nach der Gründung **erzwungen** werden können (vgl. §§ 112, 112a Rdnr. 18). Auch hier bleiben die übrigen Beteiligungsrechte des BR unberührt; nur die Sozialplanpflichtigkeiten werden eingeschränkt.

Neu sind die Bestimmungen, durch die die **Grenzen des Ermessens der E-Stelle abgesteckt** werden (§ 112 Abs. 5, vgl dort Rdnr. 32ff).

Unberührt bleibt § 113. Nach § 113 Abs. 3 entsteht der Anspruch auf **Nachteilsausgleich,** wenn der Unternehmer eine Betriebsänderung durchführt, ohne einen Interessenausgleich versucht zu haben. Ein Interessenausgleichsversuch ist ausschließlich an die **Betriebsänderung** gebunden. Es gilt insoweit die **alte Staffel.** Ansprüche auf Nachteilsausgleich können deshalb auch dann entstehen, wenn der Personalabbau gemäß der neuen Staffel nicht zu einem Sozialplan führen muß.

Aus der Literatur zum betriebsverfassungsrechtlichen Teil des BeschFG vgl. AiB 85, 67, 74; *Hanau,* NZA 84, 345; *Lehmann,* AiB 85, 3; *Löwisch* BB 85, 1200, 1205. *Lorenz/Schwedes,* DB 85, 1077; *Otto,* ZfA 85, 71, *Wlotzke,* NZA 84, 217.

Ergänzt werden die Vorschriften des BetrVG durch das Gesetz über den Sozialplan im Konkurs- Vergleichsverfahren vom 20. 2. 1985 (SozplKonkG). Dieses Gesetz wird in Teil II dieses Nachtrags kommentiert, vgl. S. 45ff).

3 Entsprechende Vorschriften im **BPersVG 74:** § 76 Abs. 2 Nr. 7, § 78 Abs. 1 Nr. 2.

2. Voraussetzungen einer Betriebsänderung

a) Betriebsgröße

4 Entgegen den Voraussetzungen für die Errichtung des WiAusschusses besteht das MBR des BR schon, wenn in dem **Betrieb in der Regel** (vgl. § 1 Rdnr. 55–57; LAG Hamm, BB 82, 1665 mit Besprechung *Tschöpe,* BB 83, 1416) zum Zeitpunkt der Entstehung der Beteiligungsrechte

(BAG 22. 2. 83, AP Nr. 7 zu § 113 BetrVG 72) **mehr als 20 wahlberechtigte ArbN** beschäftigt werden und zwar ohne Rücksicht darauf, ob es sich um ständige und vollzeitbeschäftigte (Rdnr. 20) ArbN handelt. Es kommt auf die **ArbNZahl des Betriebes,** nicht des ganzen Unternehmens an. Ist aber der **GesBR** für eine Betriebsänderung zuständig (vgl. § 50 Rdnr. 29), so erstreckt sich dessen Zuständigkeit auch auf Kleinbetriebe mit in der Regel nicht mehr als 20 wahlberechtigten ArbN u. betriebsratslose Betriebe sei es, daß ein BR nach § 1 nicht gewählt werden konnte oder ohne Rücksicht auf die ArbNZahl nicht gewählt worden ist. Das gebietet der Grundsatz der Gleichbehandlung (*Fuchs,* Sozialplan nach dem BetrVG 72, S. 23; *GK-Fabricius,* Rdnr. 30f., der schlechthin auf die ArbNZahl des Unternehmens abstellen will; jetzt wohl auch *Dietz-Richardi,* Rdnr. 7; **a.M.** die überwiegende Meinung: *Becker,* BlfStR 74, 54; *Galperin-Löwisch,* Rdnr. 5a; BAG 16. 8. 83, AP Nr. 5 zu § 50 BetrVG 72 für betriebsratsfähige Betriebe, in denen kein BR gewählt worden ist). Leitende Ang. zählen nicht mit. Im allgemeinen wird daher nur ein mehrköpfiger BR das MBR haben. Steigt jedoch während der Amtszeit eines Betriebsobmannes (§ 9) die regelmäßige ArbNZahl auf mehr als 20 Wahlberechtigte an, ohne daß die Voraussetzungen für eine Neuwahl nach § 13 Abs. 2 Nr. 1 gegeben sind, so steht das MBR auch dem Betriebsobmann zu. Entsprechend verliert auch ein mehrgliedriger BR das MBR, wenn die Zahl der wahlberechtigten ArbN nicht nur vorübergehend unter 21 sinkt.

5 Besteht im Zeitpunkt der Planentscheidung des Unternehmers und noch bis zur Durchführung der Betriebsänderung **kein BR,** so kommen irgendwelche Abfindungs- oder Ausgleichsansprüche der ArbN nicht in Betracht (*Dietz-Richardi,* Rdnr. 11). Mit einem im Stillegungszeitraum erstmals gewählten BR muß der ArbGeb. nach Ansicht des BAG keinen Sozialplan aufstellen (BAG 30. 4. 82, AP Nr. 15 zu § 112 BetrVG 72). Dieser Ansicht kann zugestimmt werden, falls die Masse der ArbN bereits ausgeschieden ist (vgl. auch *Gnade-Kehrmann-Schneider-Blanke,* Rdnr. 4; *Fuchs,* Sozialplan nach dem BetrVG 72, S. 25). Wegen **„Restmandat"** des BR bei Betriebsstillegung vgl. §§ 112, 112a Rdnr. 40.

b) Betriebsänderung und wesentliche Nachteile

6 Das MBR des BR besteht nicht bei jeder wirtschaftlichen Maßnahme des Unternehmers, sondern nur bei Betriebsänderungen, die wesentliche Nachteile für die Belegschaft zur Folge haben können.

7 Betriebsänderung ist an sich jede Änderung der betrieblichen Organisation, der Struktur, des Tätigkeitsbereichs, der Arbeitsweise, der Fertigung, des Standorts und dgl. Dem MBR des BR unterliegen jedoch nur solche Betriebsänderungen, die **wesentliche Nachteile für die Belegschaft** (d.h. die Gesamtheit der ArbN des Betriebes) oder erhebliche Teile derselben zur Folge haben können (d.h. deren Eintritt nicht ausgeschlossen erscheint, BAG 29. 2. 72, AP Nr. 9 zu § 72 BetrVG), **nicht** hingegen die **laufende Geschäftsführung** des Unternehmers. Einer Prüfung, ob solche Nachteile zu erwarten sind, bedarf es aber in den einzel-

nen Fällen des Satzes 2 regelmäßig nicht; vielmehr **unterstellt das Gesetz,** daß insoweit stets **nachteilige Folgen** für die ArbN **eintreten können;** ob ausgleichsbedürftige Nachteile entstehen, ist erst bei der Aufstellung des Sozialplanes zu prüfen (BAG 17. 8. 82, 26. 10. 82, AP Nr. 11, 10 zu § 111 BetrVG 72). In Satz 2 ist nicht der Begriff der „Betriebsänderung" schlechthin erklärt, sondern der der „Betriebsänderung im Sinne des Satzes 1", d.h. derjenigen Betriebsänderung, bei der die Voraussetzungen des Satzes 1 über die Auswirkungen auf die ArbN als erfüllt gelten; sonst wären die Worte „i.S. des Satzes 1" überflüssig (ebenso BAG a.a.O., *Becker-Schaffner,* BlStR 76, 34; *GK-Fabricius,* Rdnr. 71ff.; *Gnade-Kehrmann-Schneider-Blanke,* Rdnr. 11; *Kammann-Hess-Schlochauer,* Rdnr. 12 nehmen keine entsprechende gesetzliche Fiktion, sondern nur eine durch den Unternehmer wiederlegbare Vermutung an; **a.A.** *Dietz-Richardi,* Rdnr. 19ff. mit Ausnahme der Tatbestände der Nr. 1 u. 2; *Galperin-Löwisch,* Rdnr. 20; *Hunold,* BB 75, 1440f. u. BB 84, 2275, 2279 u. *Stegel/Weinspach,* Erg-Bd. Rdnr. 13).

8 Als **wesentliche Nachteile** kommen in Betracht: Erschwerung der Arbeit, Minderung des Arbeitsverdienstes (niedrigere Tariflohnklasse), längere Anmarschwege, erhöhte Kosten für Fahrten zur Arbeitsstelle oder für doppelte Haushaltsführung, Entlassungen, Versetzungen und dgl., aber nicht nur vorübergehende Unbequemlichkeiten einer Einarbeitung (vgl. auch §§ 112, 112a Rdnr. 22 u. die gesetzlichen Beispiele in § 112 Abs. 5 Nr. 1).

9 Das MBR hängt nicht davon ab, daß der Eintritt derartiger Folgen für die Belegschaft als sicher vorausgesehen werden kann. Es genügt vielmehr, daß nach objektiver Beurteilung die nachteiligen Folgen auf Grund der geplanten, d.h. auf einem Willensentschluß des Unternehmers beruhenden Betriebsänderung eintreten **können** (vgl. BAG 23. 4. 1985 – 1 ABR 3/81 – AP Nr. 26 zu § 112 BetrVG 72). Auch dies ist in den Fällen des Satz 2 ohne weiteres anzunehmen.

c) Belegschaft oder erhebliche Teile der Belegschaft

10 Schließlich muß die Betriebsänderung die **ganze Belegschaft** des Betriebes oder doch **„erhebliche Teile"** berühren. Diesem Tatbestandsmerkmal kommt nach der neueren Rechtsprechung des BAG keine selbständige Bedeutung mehr zu, sofern eine Betriebseinschränkung bereits infolge Entlassung einer größeren Zahl von ArbN vorliegt (vgl. Rdnr. 19). Die **Zahlenangaben des § 17 Abs. 1 KSchG** (näheres Rdnr. 19) können ein **Anhaltspunkt** dafür sein, wann erhebliche Teile der Belegschaft betroffen werden (BAG 6. 6. 1978, 22. 5. 1979, 21. 10. 80, AP Nr. 2, 3, 8 zu § 111 BetrVG 72; *Dietz-Richardi,* Rdnr. 24; *GK-Fabricius,* Rdnr. 171ff.; *Kammann-Hess-Schlochauer,* Rdnr. 15 u. *Hunold,* BB 84, 2275 halten es für ausreichend, daß 10% der Belegschaft betroffen sind).

11 Maßgebend ist die **Gesamtzahl der ArbN,** die voraussichtlich, wenn auch in **mehreren „Wellen",** betroffen sein wird (*Fuchs,* Sozialplan nach dem BetrVG 72, S. 79; *Teubner,* BB 74, 985), sei es auch erst nach Ablauf mehrerer Monate. Der Zeitraum von 4 Wochen nach § 17 Abs. 1

KSchG gilt nicht (BAG 22. 5. 1979, AP Nr. 3 zu § 111 BetrVG 72). Maßgebend ist, wieviel ArbN von einer geplanten Maßnahme des Unternehmers **insgesamt** betroffen sein werden. Liegt zwischen mehreren ,,Wellen" von Personalabbau- und (oder) Versetzungsmaßnahmen nur ein Zeitraum von wenigen Wochen oder Monaten, so spricht eine tatsächliche Vermutung dafür, daß diese Maßnahmen auf einer einheitlichen unternehmerischen Planung beruhen. Der Unternehmer, der das Vorliegen einer Betriebsänderung bestreitet, muß dann darlegen und trägt ggfs. die Beweislast dafür, daß eine neue, von Anfang an nicht vorhersehbare Situation ihn zu weiteren Maßnahmen gezwungen hat, die ursprünglich nicht geplant waren (vgl. den Fall BAG 6. 6. 1978, AP Nr. 2 zu § 111 BetrVG 72).

Daneben besteht die **Anzeigepflicht** des ArbGeb. gegenüber dem Präsidenten des LAA unter den Voraussetzungen des § 8 AFG (vgl. § 102 Rdnr. 78). Dieser Mitteilung ist eine Stellungnahme des einzelnen BR beizufügen. Bei vorübergehender Kurzarbeit besteht ein MBR nach § 87 Abs. 1 Nr. 3 (vgl. dort Rdnr. 50).

d) Rechtliche Zuordnung eines Betriebes zu einem Unternehmen

12 Der **Betriebsübergang** (Veräußerung oder Verpachtung, BAG 15. 11. 78, AP Nr. 14 zu § 613a BGB, Bildung einer Auffanggesellschaft für notleidende Unternehmen, BAG 20. 11. 1984 – 3 AZR 584/83 –, AP Nr. 38 aaO, ist als solcher **keine Betriebsänderung,** da nach § 613a Abs. 1 BGB der neue ArbGeb. in die bestehenden Arbeitsverhältnisse eintritt (§ 1 Rdnr. 18; BAG 24. 7. 1979, 4. 12. 1979, 21. 10. 80, DB 80, 164, AP Nr. 6, 8 zu § 111 BetrVG 72; h.M.; **a.M.** ausführlich *GK-Fabricius,* Rdnr. 195ff.), allerdings nach Auffassung des BAG nicht gegen den Willen des einzelnen ArbN (BAG 2. 10. 1974, 21. 7. 1977, 17. 11. 1977, 6. 2. 1980, 15. 12. 84, AP Nr. 1, 8, 10, 21, 37 zu § 613a BGB). Nachteile treten für die ArbN regelmäßig nicht ein, zumal Kündigungen nur wegen des Betriebsübergangs durch den alten oder neuen ArbGeb. gem. § 613a Abs. 4 BGB ohne weiteres unwirksam sind (BAG 31. 1. 85 – 2 AZR 530/83 –; die vorsorgliche Einhaltung der Dreiwochenfrist des KSchG ist aber zu empfehlen). Allerdings sind damit wohl betriebsbedingte Kündigungen im zeitlichen Zusammenhang mit einem Betriebsinhaberwechsel nicht schlechthin ausgeschlossen, insbes. wenn als Sanierungsmaßnahme schon der bisherige ArbGeb. vor dem Betriebsübergang einen Personalabbau durchführt (BAG 4. 12. 1979, 21. 10. 1980 aaO, 26. 5. 1983, 27. 9. 1984, AP Nr. 33, 39 zu § 613a BGB). Dann liegt bei Entlassung einer größeren Anzahl von ArbN (Rdnr. 19) eine Betriebsänderung vor. Dasselbe gilt, wenn nunmehr der neue Unternehmer Betriebsänderungen durchführen will und aus Rationalisierungsgründen die Belegschaft verkleinert. Lehnt der neue ArbGeb. allerdings nur die Übernahme einzelner ArbN ab, weil er nur gute oder nicht so ,,teuere" ArbN übernehmen will, so wäre deren Kündigung unwirksam (BAG 26. 5. 1983 aaO). Wegen Übergang eines Be-

triebsteils vgl. Rdnr. 28 und wegen Neugründung von Unternehmen §§ 112, 112a Rdnr. 18.

13 Vorgänge, die sich allein in der Ebene des Unternehmens abspielen, unterliegen nicht dem MBR. Durch den **Zusammenschluß von Unternehmen** (Fusion) oder durch Umwandlung juristischer Personen (§§ 339–393 AktG) wird nicht notwendigerweise der einzelne Betrieb in seinem Bestand geändert. Diese wirtschaftliche (unternehmerische) Entscheidung ist im WiAusschuß gemäß § 106 Abs. 3 Nr. 10 zu erörtern (vgl. § 106 Rdnr. 24). Wenn allerdings infolge von Fusionen Betriebe, die seither selbständig nebeneinander bestanden, zusammengelegt werden, ist der Fall der Nr. 3 gegeben. Durch solche Zusammenschlüsse, die ggfs. zum Zweck der Rationalisierung erfolgen, werden u. U. Arbeitskräfte freigesetzt oder in anderer als der gewohnten Weise an einem anderen Arbeitsplatz, in einer anderen betrieblichen Atmosphäre, unter anderen Vorgesetzten oder mit anderen Kollegen beschäftigt.

14 Eine **Unternehmensaufspaltung** ist allein (noch) keine Betriebsänderung. Es ändert sich u. U. der Unternehmenszweck, aber nicht ohne weiteres der Betriebszweck. Nach einer weitergehenden Auffassung soll allerdings die Aufspaltung einer Gesellschaft in eine **Besitzgesellschaft,** die das Anlagevermögen behält, und in eine **Produktionsgesellschaft,** der das Umlaufvermögen übertragen und das Anlagevermögen verpachtet wird, eine Betriebsänderung sein können. Da die Arbeitsverhältnisse mit der finanzschwachen Produktionsgesellschaft fortgesetzt würden, sei zu befürchten, daß bei anschließenden Rationalisierungsmaßnahmen Sozialplanansprüche nur in geringem Umfang realisiert werden könnten. Dann sei bereits die Unternehmensaufspaltung eine Betriebsänderung, die in diesem Sonderfall zur Aufstellung eines (vorsorglichen) Sozialplanes führen könne (*Engels,* DB 79, 2227ff.; *GK-Fabricius,* Rdnr. 222; *Gnade-Kehrmann-Schneider-Blanke,* Rdnr. 11, 25; dagegen *Eich,* DB 80, 255 unter Hinweis auf § 613a BGB und die fortbestehende organisatorische Identität des Betriebes; **a.M.** auch BAG 17. 2. 1981, AP Nr. 9 zu § 111 BetrVG 72 m. kr. Anm. *Kittner,* der die Verpachtung des Betriebes als Stillegung ansieht und meint die Besitzgesellschaft müsse eine Art Ausfallbürgschaft für die zukünftigen Ansprüche der ArbN übernehmen; kr. zum BAG auch *Herschel,* ArbuR 81, 388 und *Wendeling/Schröder,* AiB 83, 58). Eine Unternehmensaufspaltung ist aber noch keine Betriebsaufspaltung, der Betriebszweck und die Arbeitsverhältnisse bleiben unberührt, die Einheit des Betriebes erhalten. Sofern die Besitzgesellschaft die Produktionsgesellschaft beherrscht, kommt aber im Fall einer späteren Betriebsänderung eine Durchgriffshaftung gegenüber der Besitzgesellschaft in Betracht (vgl. auch §§ 112, 112a Rdnr. 32 und *Loewisch,* SAE 82, 18; *Herschel,* ArbuR 81, 388).

3. Die einzelnen Fälle

15 Nach Satz 2 gelten bestimmte wirtschaftliche Entscheidungen des Unternehmers unter den dort angeführten Voraussetzungen ohne weiteres als Betriebsänderungen. Aus dem Wortlaut des Gesetzes ergibt sich

nicht eindeutig, ob der Katalog erschöpfend ist, d.h. ob das MBR des BR nur bezüglich der in Satz 2 bezeichneten Maßnahmen besteht, oder ob daneben noch bei anderen Betriebsänderungen der BR sein MBR geltend machen kann, wenn die Voraussetzungen des Satzes 1 gegeben sind. Letzteres ist zu bejahen. Wenn auch praktisch gesehen in Satz 2 wohl die wesentlichen Fälle aufgezählt sind, ist es doch rechtlich und tatsächlich nicht ausgeschlossen, daß ausnahmsweise unter den Voraussetzungen des Satzes 1 **auch außerhalb des Katalogs des Satzes 2** ein MBR besteht (*Gnade-Kehrmann-Schneider-Blanke,* Rdnr. 10; *Engels,* DB 79, 2227f.; *Fuchs,* Sozialplan nach dem BetrVG 72, S. 77; *GK-Fabricius,* Rdnr. 86ff.; offen gelassen BAG 17. 2. 81, 17. 8. 82, AP Nr. 9, 11 zu § 112 BetrVG 72; **a.M.** die h. M., z. B. *Dietz-Richardi,* Rdnr. 19 u. NZA 84, 177, dem allerdings zuzugeben ist, daß weitere Fälle kaum denkbar sind, nachdem das BAG auch den Personalabbau allein für eine Betriebsänderung genügen läßt; *Kammann-Hess-Schlochauer,* Rdnr. 10; *Schlüter,* SAE 73, 75ff.; diese Autoren sehen den Katalog für erschöpfend an). Der Wortlaut des Satzes 2 legt nahe, daß noch andere Betriebsänderungen möglich sind als die kraft gesetzlicher Fiktion aufgezählten.

16 Wegen Beteiligung des WiAusschusses vgl. § 106 Rdnr. 13ff. Die dort genannten Tatbestände sind mit denen des § 111 weitgehend identisch, stellen aber nicht auf mögliche wesentliche Nachteile für die ArbN ab. Die Unterrichtung von WiAusschuß und BR sind aber unabhängig voneinander.

(1) Einschränkung und Stillegung des ganzen Betriebs oder wesentlicher Betriebsteile, Personalabbau

17 Unter **Stillegung** ist die Aufgabe des Betriebszwecks unter gleichzeitiger Auflösung der Betriebsorganisation auf Grund eines ernstlichen u. endgültigen Willensentschlusses des Unternehmers für unbestimmte, nicht nur vorübergehende Zeit zu verstehen (h. M.; vgl. BAG 27. 9. 1984 – 2 AZR 309/83 – AP Nr. 39 zu § 613a BGB und § 103 Rdnr. 12). Es muß sich um eine vom Unternehmer gewollte und durch Auflösung der betriebl. Organisation auch tatsächlich durchgeführte Maßnahme handeln. Die Weiterbeschäftigung weniger ArbN mit Abwicklungsarbeiten steht der Annahme einer Stillegung nicht entgegen (BAG 23. 4. 80, 14. 10. 82, AP Nr. 8 zu § 15 KSchG 1969, AP Nr. 1 zu § 1 KSchG 1969 Konzern). Auf die Gründe der Unternehmerentscheidung kommt es nicht an. Werden lediglich die Betriebsmittel nach Kündigung der Arbeitsverhältnisse veräußert, so handelt es sich um eine Betriebsstillegung, nicht um einen Betriebsübergang (*Heß,* DB 76, 1154; BAG 21. 10. 80, AP Nr. 8 zu § 111 BetrVG 72). Die gekündigten Arbeitsverhältnisse können nicht mehr nach § 613a BGB übergehen.

18 Bei der **Betriebseinschränkung** wird der Betriebszweck weiter verfolgt, aber die **Leistung der Betriebsanlagen herabgesetzt,** z. B. durch Außenbetriebsetzung von Maschinen (h. M.). Eine (zeitlich) **geringere Ausnutzung der Betriebsanlagen allein,** ohne daß es zur Entlassung von ArbN kommt (Verkürzung der Arbeitszeit, geringere Schichtzahl), ist aber **noch keine Betriebseinschränkung** (*Dietz-Richardi,* Rdnr. 43, 47ff.; **a.M.** *Gnade-Kehrmann-Schneider-Blanke,* Rdnr. 17; *GK-Fabricius,* Rdnr. 119ff., *Galperin-Löwisch* § 106 Rdnr. 60; *Hanau,* ZfA 74, 98), weil regelmäßig keine wesentlichen Nachteile für die Belegschaft oder wesentliche Teile der Belegschaft zu erwarten sind. Unberührt bleibt aber das MBR nach § 87 Abs. 1 Nr. 2 u. 3.

19 Ein bloßer **Personalabbau** kann eine Betriebseinschränkung i. S. von § 111 Nr. 1 sein, auch wenn sächliche Betriebsmittel unverändert beibehalten werden. Dies war ständige Rechtsprechung des BAG (22. 5. 1979, 15. 10. 1979, 4. 12. 1979, 21. 1. 1980, AP Nr. 3–7 zu § 111 BetrVG) und wurde jetzt durch § 112a Abs. 1 BeschFG bestätigt: Eine Betriebsänderung kann allein in der Entlassung von ArbN bestehen.

Eine Betriebsänderung liegt nur vor, wenn eine größere Anzahl von ArbN betroffen ist. Richtschnur dafür, wann erhebliche Teile der Belegschaft betroffen sind, sind die Zahlen und Prozentangaben in § 17 Abs. 1 KSchG (Anzeigepflicht bei Massenentlassungen; st. Rspr. des BAG, vgl. zuletzt 2. 8. 1983, AP Nr. 12 zu § 111 BetrVG 1972). Doch wird diese Staffel für Großbetriebe eingeschränkt; für diese Betriebe hat das BAG eine Betriebseinschränkung erst bei einer Entlassung von 5 v. H. der Belegschaft angenommen (vgl. BAG 2. 8. 1983, aaO).

Danach gilt für die Frage ob eine Betriebsänderung (Betriebseinschränkung) vorliegt, **folgende Staffel:**

Betriebe mit 21–59 ArbN	6 ArbN
Betriebe mit 60–499 ArbN	entweder 10 v. H. der ArbN oder mehr als 25 ArbN
Betriebe mit 500–599 ArbN	30 ArbN
Betriebe mit über 600 ArbN	5 v. H. der ArbN

Personalabbau in diesem Ausmaß ist Betriebseinschränkung und löst MBR des BR aus. Der BR muß unterrichtet werden (§ 111 Satz 1). Ein Interessenausgleich ist durchzuführen (§ 112 Abs. 1). An dieser Rechtslage hat das **BeschFG nichts geändert.** In § 112a Abs. 1 wird nur die Frage geregelt, unter welchen Voraussetzungen ein Sozialplan erzwingbar ist. Insoweit gilt eine andere Staffel (vgl. §§ 112, 112a Rdnr. 17).

20 Auch **Teilzeitbeschäftigte** die zur Entlassung anstehen, zählen mit (vgl. § 5 Rdnr. 5a). Das **BeschFG** hat zwar u. a. § 23 Abs. 1 KSchG durch einen Satz 3 dahin ergänzt, daß ArbN, die regelmäßig nicht mehr als 10 Stunden wöchentlich oder 45 Stunden monatlich arbeiten, bei der Feststellung der maßgebenden ArbNZahl nicht zu berücksichtigen sind und § 10 Abs. 2 LFG dahin erweitert, daß ArbN bis zu 20 Stunden wöchentlicher Arbeitszeit nur zur Hälfte und ArbN bis zu 30 Stunden nur zu ¾ anrechnen. Diese differenzierte Regelung hat der Gesetzgeber des BeschFG aber in § 112a Abs. 1 BetrVG gerade nicht übernommen. Teilzeitbeschäftigte sind demnach sowohl bei dem freiwilligen Sozialplan als auch bei dem durch die E-Stelle aufzustellenden Sozialplan voll mitzuzählen, soweit es darum geht, ob der Personalabbau schon allein eine Betriebsänderung darstellt.

21 Bei der Personalreduzierung aus betrieblichen Gründen kommt es auf den wahren Auflösungsgrund an, nicht auf die Form der Beendigung des Arbeitsverhältnisses (vgl. auch BAG 26. 9. 1969, AP Nr. 1 zu § 75 HGB, 18. 11. 1967, AP Nr. 21 zu § 74 HGB, 20. 8. 1980, AP Nr. 15 zu § 6 LohnFG). Nach Auffassung des BAG sollen nur ArbN maßgebend sein, die für betriebsbedingte Kündigungen vorgesehen sind (BAG 2. 8. 83, AP Nr. 12 zu § 111 BetrVG 72), während ArbN, die infolge „natürlicher Fluktuation", z. B. Erreichens der Altersgrenze oder Fristablauf aus dem Arbeitsverhältnis ausscheiden, nicht mitzählen sollen. Das BAG hat noch offengelassen, ob wenigstens der Abbau von Arbeitskräften zu berücksichtigen ist, der nicht auf betriebsbedingten Kündigungen beruht, aber doch vom ArbGeb. veranlaßt worden ist, z. B. durch **Abschluß von Aufhebungsverträgen** oder Kündigung durch den ArbN auf Veranlassung des ArbGeb. Diese Frage ist zu bejahen und für den erzwingbaren Sozialplan in § 112a Abs. 1 Satz 2 jetzt für den Aufhebungsvertrag ausdrücklich geregelt. Der Fall der vom ArbGeb. veranlaßten Kündigung durch den ArbN kann nicht anders behandelt werden (*Wlotzke,* NZA 85, 221; vgl. auch *Heither,* ZIP 85, 513, 518). Mitzuzählen sind auch ArbN, die in andere Betriebe des Unternehmens (Konzerns) versetzt werden.

22 Demnach liegt eine Betriebseinschränkung i. S. der Nr. 1 vor bei erheblicher, ungewöhnlicher und nicht nur vorübergehender Herabsetzung der Leistungsfähigkeit des Betriebes, gleichgültig, ob deren Verminderung durch Außerbetriebsetzung von Betriebsanlagen und (oder) Personalreduzierung erfolgt.

Das BAG sieht in den unterschiedlichen Rechtsfolgen betriebsbedingter Kündigungen je nach Größe des betroffenen Personenkreises keinen Verstoß gegen Art. 3 GG (so aber *Hunold,* BB 80, 1750, BB 84, 2275 und Vogt, DB 81, 1823 die der Rechtsprechung des BAG vorhalten, Entlassungen seien nicht Ursache sondern Folge von Betriebsänderungen). Wegen MBR bei (vorübergehender) Kurzarbeit vgl. § 87 Rdnr. 50, bei Wegfall einer Schicht § 87 Rdnr. 45.

23 Für die Beurteilung, ob der Fall der Nr. 1 gegeben ist, ist auszugehen von dem regelmäßigen Bestand des Betriebes, d. h. seiner Struktur und seiner Größe. Ist ein Betrieb (Betriebsteil) **nur für eine von vornherein zeitlich begrenzte Arbeitsaufgabe errichtet,** so ist deren Abbau oder völlige Auflösung nach Erfüllung der Arbeitsaufgabe nicht dem MBR unterworfen (z. B. Gaststätte auf einer Ausstellung; Baustelle; Auffanggesellschaft zur Verwertung der Konkursmasse, LAG Hamm, 1. 2. 77, DB 77, 1099). Auch **saisonbedingte Schwankungen,** die sich z. B. in der Beschäftigung von Aushilfskräften auswirken, fallen nicht unter Nr. 1. Es muß sich um Maßnahmen handeln, die vom regelmäßigen Erscheinungsbild des Betriebes abweichen (BAG 22. 5. 1979, 15. 10. 1979, AP Nr. 4, 5 zu § 111 BetrVG 72). Entsprechendes gilt für Kampagnebetriebe. Der unterschiedliche Personalbestand entspricht der Wesensart dieser Betriebe u. stellt deshalb keine Betriebsänderung dar.

24 Das MBR besteht auch, wenn sich die geplante Maßnahme nur auf **wesentliche Teile des Betriebs** erstreckt. Es braucht sich **nicht** um eine **Betriebsabteilung im Rechtssinn** (§ 4, § 15 Abs. 5 KSchG) zu handeln

(h. M.), sondern es genügt, daß der betroffene, einen Teilzweck erfüllende (*GK-Fabricius,* Rdnr. 129) Teil des Betriebes einen erheblichen Teil der ArbN (vgl. Rdnr. 10) beschäftigt (*Gnade-Kehrmann-Schneider-Blanke,* Rdnr. 22; BAG 21. 10. 80, AP Nr. 8 zu § 111 BetrVG 72; **a.M.** *Rumpff,* S. 242 unter Hinweis darauf, dieses Merkmal enthielten schon die Voraussetzungen des Satzes 1) oder wirtschaftlich gesehen für den Betrieb von wesentlicher Bedeutung ist (allein für Berücksichtigung dieses Gesichtspunktes: *Hunold,* BB 84, 2278 u. *Kammann-Hess-Schlochauer,* Rdnr. 31; offen gelassen BAG aaO), so daß sich auch Auswirkungen auf andere Betriebsteile und deren ArbN ergeben (vgl. den Fall LAG Hamm, NZA 85, 121: Umstellung des Restaurants in einem Warenhaus auf Selbstbedienung, wenn dort 20 von 280 ArbN beschäftigt werden und nur 3% des Umsatzes erzielt wurde: keine Betriebsänderung). Die Ausgliederung von Betriebsteilen fällt nicht unter Nr. 1, u. U. aber unter Nr. 3 (vgl. Rdnr. 28 a. E.) oder Nr. 4 (vgl. Rdnr. 30; *Dietz-Richardi,* Rdnr. 41).

(2) Verlegung des ganzen Betriebs oder von wesentlichen Betriebsteilen

25 Nr. 2 bezieht sich nur auf solche Betriebe und Betriebsteile, die ihrem Wesen nach ortsgebunden sind, nicht z. B. auf den Wanderzirkus oder die Baustelle (h. M.). Verlegung ist **jede wesentliche Veränderung der örtlichen Lage** des Betriebs oder von wesentlichen Betriebsteilen unter Weiterbeschäftigung (des größeren Teils) der Belegschaft. **Beispiel:** Verlegung vom Zentrum an den Stadtrand oder an an einen 4,3 km entfernten Ort, auch in Großstädten mit günstigen Verkehrsverbindungen (BAG 17. 8. 82, AP Nr. 11 zu § 111 BetrVG 72; **a.M.** Stege-Weinspach, Erg. Bd., Rdnr. 51), aber nicht der Umzug von einer Straßenseite auf die andere. Meinungsverschiedenheiten mit dem BR werden in der Praxis dann entstehen, wenn durch die Verlegung Entlassungen ortsgebundener Arbeitskräfte oder Erschwerungen der Arbeit oder der Wege vom und zum Arbeitsplatz zu erwarten sind. Für das MBR ist es unerheblich, ob die ArbN kraft Arbeitsvertrages verpflichtet sind, am neuen Arbeitsort die Arbeit fortzusetzen oder ob es einer Änderungskündigung bedarf, für die zusätzlich das personelle MBR in Betracht kommt.

26 Werden wesentliche Teile der Belegschaft am **neuen Arbeitsort nicht weiterbeschäftigt,** so handelt es sich um eine **Betriebsstillegung** und anschließende Neuerrichtung des Betriebes (BAG 6. 11. 1959, AP Nr. 15 zu § 13 KSchG). Dies wird bei Verlegung eines Betriebes in eine andere Gegend oder ins Ausland häufig der Fall sein.

(3) Zusammenschluß mit anderen Betrieben

27 Der Zusammenschluß, d. h. die Verschmelzung eines Betriebes mit einem anderen, kann auf zweifache Weise erfolgen. Entweder wird aus den bisherigen Betrieben ein neuer Betrieb gebildet oder ein bestehender Betrieb nimmt einen anderen unter Aufgabe von dessen arbeitstechnischer Selbständigkeit in sich auf (h. M.). Die Zuständigkeit von GesBR bzw. KBR kann hier gegeben sein (vgl. § 50 Rdnr. 29). Die Betriebe können auch verschiedenen Unternehmen angehören. Dann erfordert aber der Zusammenschluß eine einheitliche unternehmerische Leitung (vgl. § 1 Rdnr. 23; *Galperin-Löwisch,* § 106 Rdnr. 68).

28 Unter Nr. 3 fällt auch die Zusammenlegung von selbständigen Betriebsabteilungen (§ 4) mit dem eigenen Hauptbetrieb (*GK-Fabricius,* Rdnr. 143, *Galperin-Löwisch,* § 106 Rdnr. 67; *Dietz-Richardi,* Rdnr. 55; **a. M.** *Kammann-Hess-Schlochauer,* Rdnr. 37; *Rumpff,* S. 253). Die **Aufteilung** eines bisher organisatorisch einheitlichen Betriebs fällt nicht unter Nr. 3. Die Aufspaltung in mehrere organisatorische Einheiten ist aber regelmäßig mit weiteren organisatorischen und wirtschaftlichen Maßnahmen verbunden, die unter den Tatbestand der Nr. 4 bzw. 5 (Rdnr. 29ff.) fallen können; dabei kann die Aufteilung des Betriebes innerhalb desselben Unternehmens erfolgen oder auch durch Übergang eines oder aller Betriebe auf ein anderes Unternehmen. So kann die **Aufspaltung eines bisher einheitlichen Betriebes** eine Betriebsänderung mit wesentlichen Nachteilen jedenfalls für die ArbNschaft des Restbetriebes sein, deren Arbeitsverhältnisse nicht gemäß § 613a BGB auf den Betriebsübernehmer übergehen (vgl. BAG 24. 7. 1979, DB 80, 164).

(4) Grundlegende Änderungen der Betriebsorganisation, des Betriebszwecks oder der Betriebsanlagen

29 Die unter Ziff. 4 (und 5) genannten Änderungen sind u. U. schwer abgrenzbar, weil sie vielfach ineinander übergehen. Das ist aber praktisch unerheblich, weil alle genannten Änderungen dem MBR des BR unterliegen. **„Grundlegend"** ist eine Änderung insbes., wenn sie erhebliche Auswirkungen auf den Betriebsablauf hat, bzw. einen „Sprung" in der technisch-wirtschaftlichen Entwicklung darstellt; läßt sich nicht zweifelsfrei beurteilen, ob die Änderung grundlegend ist, so kann wiederum auf die Zahl der von der Änderung betroffenen ArbN (Rdnr. 19) abgestellt werden (BAG 26. 10. 1982, AP Nr. 10 zu § 11 BetrVG 72; zu letzterem Punkt **a. M.** *Hunold,* BB 84, 2279).

30 Eine grundlegende **Änderung der Betriebsorganisation** liegt vor bei einer vollständigen Änderung des Betriebsaufbaus bzw. der Gliederung des Betriebes oder der Zuständigkeiten (Änderung in der Zahl, Gliederung und Aufbau der Betriebsabteilungen, Ausgliederung von wesentlichen Betriebsteilen (z. B. nicht bei Ausgliederung einer Gaststätte aus einem Supermarkt BAG 21. 10. 80, AP Nr. 8 zu § 111 BetrVG 72). Aufteilung eines bisher einheitlichen Betriebes in mehrere selbständige Betriebe (sofern die Arbeitsverhältnisse nicht gem. § 613a BGB übergehen; vgl. Rdnr. 12). Änderung der Unterstellungsverhältnisse, insbesondere Zentralisierung oder Dezentralisierung, Einführung von Großraumbüros oder EDV-Anlagen). Zum Begriff der **Betriebsorganisation** vgl. § 106 Rdnr. 23.

31 Eine grundlegende Änderung des **arbeitstechnischen Zwecks des Betriebes** (zum Begriff vgl. § 106 Rdnr. 23) ist die völlige Umstellung der

Produktion oder des Gegenstandes der Betriebstätigkeit (**Beispiel:** Übergang von Motorrad- auf die Kraftwagenproduktion, aber nicht Herstellung eines verbesserten Typs einer Maschine). Sie dürfte auch gegeben sein, wenn die seitherige Tätigkeit des Betriebs nur noch zu einem unwesentlichen Teil fortgeführt wird. Das Interesse des BR liegt hierbei in der Auswirkung solcher Änderungen auf die Arbeit der ArbN (wegen Berücksichtigung arbeitswissenschaftlicher Erkenntnisse vgl. §§ 90, 91), aber auch in der Gefährdung des Arbeitsplatzes, die sich aus dem Risiko einer Änderung des Betriebszwecks ergeben kann. Wegen der Unterrichtung und Beratung mit dem WiAusschuß vgl. § 106 Abs. 3 Nr. 3.

32 Grundlegende **Änderung der Betriebsanlagen** (d. h. der Betriebsmittel i. w. S.: Betriebsstätten, Einrichtungen, Maschinen, EDV-Anlagen – REFA MLA, Teil 1 Kap. 3.3) sind: Einführung völlig neuer Maschinen, eines neuen technischen Produktionsverfahrens, völlige Umgestaltung der Büroeinrichtung in einem Dienstleistungsbetrieb, Bau neuer Werkshallen, Übergang zur Selbstbedienung in einem Einzelhandelsgeschäft, technische Rationalisierung und insbesondere die fortschreitende Automation, Einsatz von Mikroprozessoren, NC- oder CNC-Maschinen, Datensichtgeräten (*Dietz-Richardi,* Rdnr. 69; LAG Berlin, DB 81, 1519, 1522), Bildschirmarbeitsplätzen (BAG 26. 10. 82, AP Nr. 10 zu § 111 BetrVG 72), des komputerunterstützten Konstruierens – CAD –, EDV-Anlagen, auch in Dienstleistungsunternehmen. Eine Änderung einzelner, unter technisch-wirtschaftlichen Gesichtspunkten bes. wichtiger Anlagen genügt (BAG a. a. O.), insbes. wenn eine ArbN-Zahl in der Größenordnung der Rdnr. 19 betroffen wird (insoweit **a. M.** *Hunold,* BB 84, 2279). Nicht hierher rechnet der normale Ersatz abgenutzter Maschinen. Es kommt auf den Grad der technischen Änderung an (BAG a. a. O.). Die Beteiligung des BR nach § 90 Nrn. 1 u. 2 bei der betrieblichen Planung erfolgt, wenn der Unternehmer die Durchführung der geplanten Maßnahmen im Betrieb veranlaßt. Diese betriebliche Beteiligung verdrängt nicht das Verfahren nach § 111 (BAG a. a. O., vgl. § 80 Rdnr. 23e; **a. M.** *Kammann-Hess-Schlochauer,* Rdnr. 42, die ohne nähere Begründung annehmen, in solchen Fällen gehe die Sondervorschrift des § 90 vor).

(5) Einführung grundlegend neuer Arbeitsmethoden und Fertigungsverfahren

33 Der Tatbestand steht in Zusammenhang mit dem nach Nr. 4, stellt aber mehr auf die Art der Verwertung der menschlichen Arbeitskraft ab (h. M.). Grundlegende Änderungen liegen nicht vor, bei der üblichen laufenden Verbesserung der Arbeitsmethoden und Fertigungsverfahren (*Gnade-Kehrmann-Schneider-Blanke,* Rdnr. 30). Unter diesem Gesichtspunkt kommt auch hier die Rationalisierung (Übergang von der Hand- zur Maschinenarbeit und weiter zum Fließband, BAG 2. 12. 1960, AP Nr. 1 zu § 56 BetrVG Entlohnung) und vor allem der Einsatz neuer Technologien in Betracht. Die **Arbeitsmethoden und Fertigungsver-**

fahren (vgl. wegen der Begriffe § 106 Rdnr. 18) müssen **für den Betrieb,** nicht für den Gewerbezweig **neu sein;** dies wird auch durch die Hervorhebung der ,,Einführung" deutlich gemacht. Änderungen bei der Erledigung von Nebentätigkeiten (z. B. Reinigung der Büroräume durch ein Institut statt durch eigene ArbN) bleiben hier außer Betracht (OVG Berlin in AP Nr. 1 zu § 73 PerVG). Grundlegende Änderungen unterliegen auch dem MBR, wenn sie offensichtlich durch den technischen Fortschritt bedingt sind.

34 Soweit durch veränderte Arbeitsmethoden oder Fertigungsverfahren gleichzeitig die Arbeitsbedingungen der ArbN geändert werden (z. B. Übergang auf Zeitlohn bei Einführung von Bandarbeit), besteht außerdem u. U. das soziale MBR, z. B. bei Einführung technischer Kontrollgeräte nach § 87 Abs. 1 Nr. 6, sowie § 87 Abs. 1 Nr. 10 und 11 (ebenso BAG 2. 12. 1960, AP Nr. 1 zu § 56 BetrVG Entlohnung) und bei Entlassungen das personelle MBR (§ 102). Wegen Berücksichtigung gesicherter arbeitswissenschaftlicher Erkenntnisse vgl. §§ 90, 91.

4. Unterrichtung und Beratung

35 Das MBR setzt ein, sobald die Planung des Unternehmers zu einer gewissen Reife gelangt ist, d. h. sobald der Unternehmer sich im Grundsatz entschlossen hat, eine Maßnahme – allerdings vorbehaltlich der Bemühungen um eine Einigung mit dem BR – durchzuführen. Dies gilt für jeden Willensentschluß des Unternehmers, eine Betriebsänderung ins Auge zu fassen, mag dies freiwillig oder aufgrund einer Zwangslage geschehen. Die frühere gesetzliche Einschränkung für durch äußere Umstände aufgezwungene Betriebsänderungen ist weggefallen. Das Wort **„geplant"** ist kein selbständiges Tatbestandsmerkmal, d. h. das MBR ist nach Ansicht des BAG (BAG 17. 9. 1974, 13. 12. 1978, AP Nr. 1 zu § 113 BetrVG 72, AP Nr. 6 zu § 112 BetrVG 72) nicht davon abhängig, ob und in welcher Weise der Unternehmer eine vorausgegangene Planung durchgeführt hat. Bei Betriebsänderungen hat das Wort ,,geplant" **nur rein zeitliche Bedeutung** für die Einschaltung des BR. Dieser Zeitpunkt ist bei juristischen Personen erreicht, sobald der Vorstand oder die Geschäftsleitung sich zu einer Maßnahme entschlossen hat, auch wenn noch nicht die Genehmigung des AR, des Beirats oder eines ähnlichen Gremiums vorliegt (vgl. § 108 Rdnr. 12; BAG 14. 9. 76, AP Nr. 2 zu § 113 BetrVG; *Gnade-Kehrmann-Schneider-Blanke,* Rdnr. 38; **a.M.** *Rumpff,* S. 273f., der dies nur für zweckmäßig hält; *Dietz-Richardi,* Rdnr. 108; *Ehmann,* Betriebsstillegung u. Mitbestimmung, S. 91). Die Unterrichtung u. Beratung steht dann unter dem Vorbehalt der Zustimmung des AR (vgl. *Hanau,* ZGR 77, 407). Ob die Betriebsänderung wegen wirtschaftlicher Notlage des Unternehmens zwangsläufig durchgeführt werden muß oder auf einen freien Willensentschluß des Unternehmers beruht, ist für die Beteiligung des BR unerheblich (*Dietz-Richardi,* Rdnr. 74; *Galperin-Löwisch,* Rdnr. 21a; *GK-Fabricius,* Rdnr. 51). In jedem Fall sind noch Verhandlungen über die Modalitäten einer Betriebsänderung sinnvoll, selbst wenn das Konkurs- oder Vergleichsverfahren eröffnet worden ist (vgl. insoweit SozplKonkG § 1 Rdnr. 8). Wegen Unterrichtung über die „Planung" nach § 90 und § 92 vgl. § 80 Rdnr. 23b, c.

36 Die Unterrichtung muß **„umfassend"** (d. h. unter Darlegung der Ursachen der bisherigen und der zu erwartenden zukünftigen Entwicklung aufgrund der geplanten Maßnahmen und deren Auswirkungen auf die ArbNschaft) und so **rechtzeitig** erfolgen, daß noch über einen Interessenausgleich und einen Sozialplan verhandelt und das weitere Verfahren nach § 112 vorher abgeschlossen werden kann (BAG 14. 9. 1976, AP Nr. 2 zu § 113 BetrVG 72; *Galperin-Löwisch,* Rdnr. 39; eingehend *Rumpff,* S. 272ff.; **a. M.** *Ehmann,* a. a. O., S. 57, 65: 2 Wochen vor Durchführung der Maßnahme, analog § 17 Abs. 3 Satz 3 KSchG; gegen diese zeitliche Hinausschiebung Kammergericht, 25. 9. 1978, DB 79, 112; wegen Bestimmung des **Zeitpunkts der rechtzeitigen Unterrichtung** bei sinngemäßer Anwendung des REFA Standardprogramms vgl. § 80 Rdnr. 23e). Eine Einschränkung ist anzuerkennen, wenn die wirtschaftliche Lage den Unternehmer zu plötzlichen Maßnahmen zwingt; dann ist der BR zum frühestmöglichen Zeitpunkt und in dem noch tatsächlichen möglichen Umfang zu beteiligen (*Dütz,* Festschrift Westermann S. 49; *Galperin-Löwisch,* Rdnr. 37; *Gnade-Kehrmann-Schneider-Blanke,* Rdnr. 36; *Kammann-Hess-Schlochauer,* Rdnr. 16; *Schäfer,* ArbuR 82, 120; vgl. auch § 113 Rdnr. 7).

37 Handelt es sich um ein **konzernabhängiges Unternehmen,** so kann sich dessen Vorstand nicht auf seine Unkenntnis oder mangelnde Zuständigkeit berufen, wenn er die Folge des § 113 BetrVG vermeiden will. Die Pflichten nach § 111ff. treffen dann den Vorstand des herrschenden Unternehmens; er hat ggfs. mit dem BR des einzelnen Betriebes bzw. dem GesBR des einzelnen Unternehmens zu verhandeln.

38 Die **Mißachtung des Beteiligungsrechts** nach § 111ff. durch den Unternehmer führt nicht zur Unwirksamkeit der wirtschaftlichen Maßnahme, sondern hat zunächst die **Rechtsfolgen des § 113,** wie § 113 Abs. 3 ausdrücklich klarstellt. Diese Regelung ist insofern folgerichtig, als die Beteiligungsrechte lediglich die Willensbildung innerhalb des Betriebs betreffen und infolgedessen keine Außenwirkungen haben können (vgl. § 1 Rdnr. 28). Weder tatsächliche Maßnahmen des Unternehmers noch zweiseitige Rechtsgeschäfte mit einem Dritten (z. B. Verkauf von Betriebsteilen oder Ankauf eines anderen Betriebs zum Zwecke des Zusammenschlusses) können wegen Verletzung der §§ 111ff. nichtig sein. Deshalb wirft diese Ausgestaltung des wirtschaftlichen MBR auch keine unternehmensverfassungsrechtlichen Grundsatzfragen auf (§ 76 Rdnr. 37). Trifft der Unternehmer dagegen in Verbindung mit einer wesentlichen Betriebsänderung ohne Beteiligung des BR Maßnahmen, die dem personellen oder sozialen MBR unterliegen (z. B. Kündigungen anläßlich einer Betriebsverlegung oder Einschränkung), so richtet sich deren Wirksamkeit nach den allgemeinen arbeitsrechtlichen, insbes. betriebsverfassungsrechtlichen Grundsätzen. Der Unternehmer kann ferner wegen unvollständiger oder verspäteter Auskunft gem. § 121 mit einer Geldbuße bis zu 20000 DM belegt werden. Bei groben Verstößen des Unternehmers gegen seine Auskunftspflichten aus § 111 kann gegen ihn nach § 23 Abs. 3 vorgegangen werden (*Dietz-Richardi,* Rdnr. 127; *Heinze,* DB 83, Beilage 9, S. 20). Vgl. weiter Rdnr. 41.

39 Die Unterrichtungspflichten des Unternehmers gegenüber dem WiAusschuß nach § 106, in der BetrVerslg (§ 43 Abs. 2 Satz 5), der BRVerslg (§ 53 Abs. 2 Nr. 2) und gegenüber dem ArbN nach § 110 bestehen neben denen des § 111. Vgl. § 80 Rdnr. 19ff.

5. Streitigkeiten

40 Streitigkeiten über die Frage, **ob eine Betriebsänderung** i. S. des § 111 vorliegt und ob der **Unternehmer seiner Auskunftspflicht rechtzeitig und umfassend** nachgekommen ist, entscheiden die **ArbG im BeschlVerf.** nach § 2a ArbGG. Die E-Stelle kann aber als Vorfrage mitentscheiden, ob eine Betriebsänderung vorliegt (BAG 18. 3. 75, AP Nr. 1 zu § 111 BetrVG 72). Vgl. auch § 76 Rdnr. 42. Ein Rechtsschutzinteresse dürfte aber für ein BeschlVerf. nicht mehr bestehen, wenn eine streitige Betriebsänderung längst durchgeführt ist; dann ist unmittelbar das Verfahren nach § 112 zu betreiben (BAG 18. 3. 1975, AP Nr. 1 zu § 111 BetrVG 72). Die Vollstreckung derartiger Beschlüsse auf Auskunftserteilung ist nach § 85 Abs. 1 ArbGG, § 888 ZPO möglich (*Dütz,* ArbuR 73, 357 und Festschrift Westermann, S. 50; einschränkend *Rumpff,* S. 268, 331). Im übrigen gelten für das weitere Mitbestimmungsverfahren die §§ 112–113.

41 Ob der BR durch Antrag auf Unterlassung der Maßnahme und Erlaß einer **einstw. Verfg.** die (betriebsverfassungswidrige) Durchführung der Betriebsänderung, insbes. den Anspruch von Kündigungen bis zur Ausschöpfung des Verhandlungsanspruchs nach §§ 111, 112 auch über einen Interessenausgleich verhindern kann, ist streitig (dafür LAG Hamburg, 13. 11. 81, ArbuR 82, 389 mit Anm. *Bertelsmann-Gäbert;* LAG Frankfurt, DB 83, 613, BB 84, 145, DB 85, 178 bis zum Abschluß der Verhandlungen über den Interessenausgleich; LAG Hamburg, DB 83, 2369, ArbG Bamberg, NZA 85, 259, aber nur für begrenzte Zeit; *Buschmann,* BB 83, 510; *Trittin,* DB 83, 230; *GK-Fabricius,* Rdnr. 252; *Wahsner,* AiB 82, 166; *Galperin-Löwisch,* Rdnr. 252, § 112 Rdnr. 163; *Derleder,* ArbuR 83, 289; **a.M.** *Eich,* DB 83, 657; *Heinze,* DB 83, Beilage 9 S. 20; *Schmidt,* BB 82, 48; *Schlochauer,* Jahrbuch des Arbeitsrechts Bd. 20, Seite 61ff.; LAG Düsseldorf 14. 11. 83, DB 84, 511). Die Frage ist zu verneinen. Es besteht zwar ein Verhandlungsanspruch des BR über den Interessenausgleich (vgl. §§ 112, 112a Rdnr. 14), letzten Endes kann aber der Unternehmer allein entscheiden. Eine einstw. Verfg. würde also über das Beteiligungsrecht des BR hinausgehen. Es fehlt also schon an einem Verfügungsanspruch (vgl. **Nach** § 1 Rdnr. 23). Der Gesetzgeber hat das Problem gesehen und die Verletzung der Verhandlungspflicht durch den individualrechtlichen Anspruch auf Nachteilungsausgleich nach § 113 sanktioniert, nicht wie in § 102 Abs. 1 Satz 3 durch Unwirksamkeit der Kündigung. Die Aufstellung eines Sozialplanes kann zudem auch noch nach Durchführung der Betriebsveränderung verlangt und erzwungen werden (vgl. §§ 112, 112a Rdnr. 16). Eine einstw. Verfg. ist demnach nur auf Vornahme der Unterrichtung und Beratung durch den Unternehmer möglich (Vollstreckung nach § 888 ZPO).

§ 112 Interessenausgleich über die Betriebsänderung, Sozialplan

(1) **Kommt zwischen Unternehmer und Betriebsrat ein Interessenausgleich über die geplante Betriebsänderung zustande, so ist dieser schriftlich niederzulegen und vom Unternehmer und Betriebsrat zu unterschreiben. Das gleiche gilt für eine Einigung über den Ausgleich oder die Milderung der wirtschaftlichen Nachteile, die den Arbeitnehmern infolge der geplanten Betriebsänderung entstehen (Sozialplan). Der Sozialplan hat die Wirkung einer Betriebsvereinbarung.§ 77 Abs. 3 ist auf den Sozialplan nicht anzuwenden.**

(2) **Kommt ein Interessenausgleich über die geplante Betriebsänderung oder eine Einigung über den Sozialplan nicht zustande, so können der Unternehmer oder der Betriebsrat den Präsidenten des Landesarbeitsamtes um Vermittlung ersuchen. Geschieht dies nicht oder bleibt der Vermittlungsversuch ergebnislos, so können der Unternehmer oder der Betriebsrat die Einigungsstelle anrufen. Auf Ersuchen des Vorsitzenden der Einigungsstelle nimmt der Präsident des Landesarbeitsamtes an der Verhandlung teil.**

(3) **Unternehmer und Betriebsrat sollen der Einigungsstelle Vorschläge zur Beilegung der Meinungsverschiedenheiten über den Interessenausgleich und den Sozialplan machen. Die Einigungsstelle hat eine Einigung der Parteien zu versuchen. Kommt eine Einigung zustande, so ist sie schriftlich niederzulegen und von den Parteien und vom Vorsitzenden zu unterschreiben.**

(4) **Kommt eine Einigung über den Sozialplan nicht zustande, so entscheidet die Einigungsstelle über die Aufstellung eines Sozialplans. Der Spruch der Einigungsstelle ersetzt die Einigung zwischen Arbeitgeber und Betriebsrat.**

(5) **Die Einigungsstelle hat bei ihrer Entscheidung nach Absatz 4 sowohl die sozialen Belange der betroffenen Arbeitnehmer zu berücksichtigen als auch auf die wirtschaftliche Vertretbarkeit ihrer Entscheidung für das Unternehmen zu achten. Dabei hat die Einigungsstelle sich im Rahmen billigen Ermessens insbesondere von folgenden Grundsätzen leiten zu lassen:**

1. **Sie soll beim Ausgleich oder bei der Milderung wirtschaftlicher Nachteile, insbesondere durch Einkommensminderung, Wegfall von Sonderleistungen oder Verlust von Anwartschaften auf betriebliche Altersversorgung, Umzugskosten oder erhöhte Fahrtkosten, Leistungen vorsehen, die in der Regel den Gegebenheiten des Einzelfalles Rechnung tragen.**
2. **Sie hat die Aussichten der betroffenen Arbeitnehmer auf dem Ar-**

beitsmarkt zu berücksichtigen. Sie soll Arbeitnehmer von Leistungen ausschließen, die in einem zumutbaren Arbeitsverhältnis im selben Betrieb oder in einem anderen Betrieb des Unternehmens oder eines zum Konzern gehörenden Unternehmens weiterbeschäftigt werden können und die Weiterbeschäftigung ablehnen; die mögliche Weiterbeschäftigung an einem anderen Ort begründet für sich allein nicht die Unzumutbarkeit.

3. Sie hat bei der Bemessung des Gesamtbetrages der Sozialplanleistungen darauf zu achten, daß der Fortbestand des Unternehmens oder die nach Durchführung der Betriebsänderung verbleibenden Arbeitsplätze nicht gefährdet werden.

§ 112a Erzwingbarer Sozialplan bei Personalabbau, Neugründungen

(1) **Besteht eine geplante Betriebsänderung im Sinne von § 111 Satz 2 Nr. 1 allein in der Entlassung von Arbeitnehmern, so findet § 112 Abs. 4 und 5 nur Anwendung, wenn**

1. in Betrieben mit in der Regel mehr als 20 und weniger als 60 Arbeitnehmern 20 vom Hundert der regelmäßig beschäftigten Arbeitnehmer, aber mindestens 6 Arbeitnehmer,
2. in Betrieben mit in der Regel mindestens 60 und weniger als 250 Arbeitnehmern 20 vom Hundert der regelmäßig beschäftigten Arbeitnehmer oder mindestens 37 Arbeitnehmer,
3. in Betrieben mit in der Regel mindestens 250 und weniger als 500 Arbeitnehmern 15 vom Hundert der regelmäßig beschäftigten Arbeitnehmer oder mindestens 60 Arbeitnehmer,
4. in Betrieben mit in der Regel mindestens 500 Arbeitnehmern 10 vom Hundert der regelmäßig beschäftigten Arbeitnehmer, aber mindestens 60 Arbeitnehmer.

aus betriebsbedingten Gründen entlassen werden sollen. Als Entlassung gilt auch das vom Arbeitgeber aus Gründen der Betriebsänderung veranlaßte Ausscheiden von Arbeitnehmern auf Grund von Aufhebungsverträgen.

(2) **§ 112 Abs. 4 und 5 findet keine Anwendung auf Betriebe eines Unternehmens in den ersten vier Jahren nach seiner Gründung. Dies gilt nicht für Neugründungen im Zusammenhang mit der rechtlichen Umstrukturierung von Unternehmen und Konzernen. Maßgebend für den Zeitpunkt der Gründung ist die Aufnahme einer Erwerbstätigkeit, die nach § 138 der Angabenordnung dem Finanzamt mitzuteilen ist.**

Inhaltsübersicht

1. Vorbemerkung

1 Die Vorschrift regelt das Verfahren der Beteiligung des BR bei Betriebsänderungen nach § 111. Der Präsident des zuständigen LAA kann um Vermittlung ersucht werden; neben dem freiwilligen Interessenausgleich über die unternehmerische Entscheidung ist der Abschluß eines Sozialplans (erforderlichenfalls durch Spruch der E-Stelle) zwingend vorgesehen. Über Interessenausgleich und Sozialplan vgl. die Abhandlung aus gewerkschaftlicher Sicht von *Michaelis,* AiB 82, 25 und die Schriften von Harald *Fuchs,* Der Sozialplan nach dem BetrVG 72, 1977, Bund Verlag, *Ehmann,* Festschrift Weitnauer, 1980, S. 3ff.; *Gift,* Jahrbuch des Arbeitsrechts, Bd. 15, S. 51ff.; *v. Kaven,* Das Recht des Sozialplans, 1977, Erich Schmidt Verlag, *Vogt,* Sozialplan in der betrieblichen Praxis, 1981 und BlStR 81, 232 und *Weller* AR-Blattei, Der Sozialplan I.

2 Die Beteiligungsrechte des BR sind unterschiedlich. Bei dem **Interessenausgleich** über die unternehmerisch-wirtschaftliche Entscheidung als solche kann im Streitfall die E-Stelle nur auf **eine gütliche Einigung** hinwirken. Hingegen entscheidet die E-Stelle **verbindlich über einen Sozialplan** zum Ausgleich nachteiliger Folgen unternehmerischer Maßnahmen für die ArbN, allerdings mit den Einschränkungen des § 112a (vgl. Rdnr. 17f.). Gleichwohl findet über beide Fragen zweckmäßigerweise ein einheitliches Verfahren vor der E-Stelle jedenfalls dann statt, wenn diese einen Sozialplan aufzustellen hat. In **Tendenzbetrieben** entfällt das Verfahren zur Herbeiführung eines Interessenausgleichs, aber nicht das Verfahren zum Abschluß eines Sozialplans (vgl. § 118 Rdnr. 46).

3 Das **BeschFG** hat für den von der E-Stelle aufzustellenden **erzwingbaren Sozialplan** dessen Voraussetzungen sowohl hinsichtlich der Zahl der betroffenen ArbN bei der Betriebseinschränkung (lediglich) durch Personalabbau (§ 111 Nr. 1) als auch bei Neugründungen eingeschränkt. Außerdem werden der E-Stelle für ihre Entscheidung zusätzliche Maßstäbe anhand gegeben. Für den **Interessenausgleich** ergeben sich dagegen **keine Änderungen,** so daß die Verhandlungen darüber an Bedeutung gewinnen, wenn ein Sozialplan durch die E-Stelle nicht erzwingbar ist.

4 Entsprechende Vorschrift im **BPersVG 74:** § 75 Abs. 3 Nr. 13.

2. Interessenausgleich

5 Nach Mitteilung seitens des Unternehmers haben die Organe der Betriebsverfassung im Fall von Meinungsverschiedenheiten, d. h. wenn der BR mit der geplanten Betriebsänderung i. S. des § 111 (h. M.) nicht einverstanden ist, zunächst untereinander über einen **Interessenausgleich**

Im Geiste vertrauensvoller Zusammenarbeit (§ 74 Abs. 1) zu verhandeln (Abs. 1). Der Interessenausgleich soll klären, **ob, wann** und in **welcher Weise** die vorgesehene **unternehmerische Maßnahme durchgeführt** werden soll. Der Interessenausgleich betrifft alle Fragen der Betriebsänderung, die nicht zum Sozialplan gehören (*Rumpff,* S. 286; *Galperin-Löwisch,* Rdnr. 5f.; wegen personeller Folgemaßnahmen vgl. Rdnr. 15).

6 Auch wenn schon ein zeitlich unbegrenzter Sozialplan für alle künftig aus betriebsbedingten Gründen notwendigen Entlassungen aufgestellt worden ist, muß gleichwohl der Unternehmer bei später geplanten Betriebsänderungen jeweils mit dem BR über einen Interessenausgleich verhandeln; der BR kann nicht von vornherein sein Einverständnis mit allen zukünftigen Betriebsänderungen gleich welcher Art und welchen Ausmaßes erklären (BAG 29. 11. 1983, AP Nr. 10 zu § 113 BetrVG; vgl. wegen vorsorglicher Sozialpläne auch Rdnr. 24).

7 Der **Unternehmer** muß bei Untätigkeit des BR seinerseits die **Initiative ergreifen** (*Kammann-Hess-Schlochauer,* Rdnr. 2), sonst treffen ihn die Folgen des § 113 (vgl. dort Rdnr. 8). Bei den Verhandlungen über den Interessenausgleich wird der BR in die Lage versetzt, die wirtschaftlichen und sozialen Interessen der ArbNschaft oder erheblicher Teile der Belegschaft, denen bei Durchführung der geplanten Betriebsänderungen Nachteile drohen, dem Unternehmen gegenüber zu vertreten. Der Unternehmer wird in der Regel wirtschaftliche Interessen für seine Pläne anführen. Es ist zunächst zu versuchen, die widerstreitenden Interessen gegeneinander abzuwägen und zu einer Einigung über die wirtschaftliche Maßnahme als solche zu gelangen. Diese Einigung wird vielfach durch eine gleichzeitige Einigung über einen Sozialplan bedingt sein.

8 Ein **Interessenausgleich ist schriftlich niederzulegen und vom Unternehmer und BR,** d. h. dessen Vors., **zu unterschreiben** (Wirksamkeitsvoraussetzung, BAG 9. 7. 85 – 1 AZR 323/83 –). Der Unternehmer kann dann die Maßnahme durchführen, u. U. mit den vereinbarten Abweichungen von der unternehmerischen Vorentscheidung in zeitlicher, quantitativer und qualitativer Hinsicht oder mit Sicherungen zugunsten der ArbN (z. B. stufenweise Durchführung, Angebot von Aufhebungsverträgen). Normative Wirkungen auf das einzelne Arbeitsverhältnis hat der Interessenausgleich nicht. Er ist keine BV (*Schaub,* § 244 IV 2), sondern eine kollektive Vereinbarung besonderer Art (*Dietz-Richardi,* Rdnr. 20). Wird dagegen vereinbart, daß die Betriebsänderung überhaupt nicht oder nicht in der geplanten Form verwirklicht werden soll, so hat der Unternehmer davon Abstand zu nehmen. Handelt er ohne zwingenden Grund entgegen den getroffenen Abmachungen, so ist er zum Nachteilsausgleich nach § 113 verpflichtet. Überdies wird man den Unternehmer für verpflichtet ansehen müssen, das Verfahren nach § 111 ff. noch in Gang zu setzen.

9 Scheitert der innerbetriebliche Interessenausgleich, so kann nach Abs. 2 nunmehr jede Seite den **Präsidenten des LAA,** in dessen Bezirk der Betrieb liegt, **um Vermittlung ersuchen.** Dieser oder der allgemein oder aus dem konkreten Anlaß bestellte Vertreter hat dem Ersuchen stattzugeben. Der Präsident des LAA ist ohnehin vom Unternehmer über erkennbare Veränderungen innerhalb der nächsten zwölf Monate zu unterrichten, soweit sie Massenentlassungen oder Umsetzungen von ArbN auf geringer bezahlte Posten voraussichtlich bedingen (§ 8 AFG, Text § 102 Rdnr. 78). Er kennt die Verhältnisse am Arbeitsmarkt (mögliche Vermittlung von ArbN in andere Arbeitsplätze) und kann durch Umschulungs- und Fortbildungsmaßnahmen nach dem AFG helfen. Die den Präsidenten des LAA nicht anrufende Seite ist nach § 2 Abs. 1 gehalten, sich an dem Vermittlungsversuch zu beteiligen (*Dietz-Richardi,* Rdnr. 154; *GK-Fabricius,* Rdnr. 159; *Kammann-Hess-Schlochauer,* Rdnr. 34; skeptisch bezüglich der Zweckmäßigkeit eines bes. Zwischenverfahrens; *Bovensiepen,* RdA 75, 288; *Fuchs,* Sozialplan nach dem BetrVG 72, S. 102 hält das Interesse an alsbaldiger, endgültiger Entscheidung für vorrangig; **a.M.** auch *Galperin-Löwisch,* Rdnr. 86). Der Präsident des LAA kann auch Anregungen für die Gestaltung des Sozialplans geben, insbes. hinsichtlich der Aussichten der zu entlassenden ArbN auf dem Arbeitsmarkt (Rdnr. 35), aber nicht durch BR und Unternehmer von vornherein ermächtigt werden, eine verbindliche Entscheidung für sie zu treffen. Eine derartige Blankovollmacht ist unzulässig (**a.M.** *Dietz-Richardi,* Rdnr. 156; *Galperin-Löwisch,* Rdnr. 88). Die **Einschaltung des Präsidenten des LAA** ist **fakultativ** (*Kammann-Hess-Schlochauer,* Rdnr. 34; *Dolde-Bauer,* BB 78, 1675; *Dietz-Richardi,* Rdnr. 153; *Galperin-Löwisch,* Rdnr. 86), ihr Unterbleiben hat keine Rechtsfolgen nach § 113 (vgl. dort Rdnr. 7). Unternehmer und BR können auch jede andere Person oder Stelle um Vermittlung ersuchen *(Gnade-Kehrmann-Schneider-Blanke,* Rdnr. 30; **a.M.** *GK-Fabricius,* Rdnr. 160; *Dietz-Richardi,* Rdnr. 149).

10 Kommt es nicht zu einem Vermittlungsversuch oder bleibt die Vermittlung erfolglos, so steht **nunmehr** (nach *Dietz-Richardi,* Rdnr. 159f.; soll die alsbaldige Anrufung der E-Stelle den Vermittlungsversuch beenden; die nicht anrufende Seite ist aber verpflichtet, sich zunächst einmal auf die Vermittlung einzulassen, vgl. Rdnr. 9) der **Weg zur E-Stelle offen,** die jede Seite anrufen kann. Der Vors. der E-Stelle kann den Präsidenten des LAA wegen dessen besonderer Sachkunde als Berater zuziehen, insbes. wegen der Arbeitsmarktlage (vgl. weiter Rdnr. 35). Dieser selbst oder ein entsandter Vertreter darf sich dem Ruf nicht entziehen. Er hat die Stellung eines Sachverständigen und ist nicht stimmberechtigt. Die Anrufung der E-Stelle bedarf nicht übereinstimmenden Handelns von Unternehmer und BR. Vielmehr ist sie schon zu errichten, wenn eine Seite (in erster Linie wohl der Unternehmer, der eine wirtschaftliche Maßnahme durchführen will) die Initiative ergreift und die andere Seite hiervon verständigt (*Rumpff,* S. 318). Sieht der **Unternehmer von der Anrufung der E-Stelle ab,** so ist er zum **Nachteilsausgleich verpflichtet** (§ 113 Abs. 3, näheres Rdnr. 14 u. § 113 Rdnr. 8). Daneben kann ein Sozialplan erzwungen werden (vgl. Rdnr. 16).

11 Zunächst sollen **Unternehmer und BR selbst Vorschläge zur** Überbrückung der Meinungsverschiedenheiten machen (§ 112 Abs. 3). Es ist nicht erforderlich, daß diese Vorschläge schriftlich festgelegt sind. Jede Seite soll jedoch positiv darlegen, in welcher Weise sie den Interessenausgleich herbeizuführen wünscht. Es genügt also nicht, wenn der BR sich nur rein negativ gegen eine geplante Maßnahme des Unternehmers ausspricht. Er muß vielmehr dartun, ob er den seitherigen Zustand aufrechtzuerhalten für möglich hält oder welche Maßnahmen er an Stelle der vom Unternehmer geplanten vorschlägt (*Teubner,* BB 74, 485). Beide Seiten sollten ihre Argumente vortragen. Auch die E-Stelle kann bereits in diesem Stadium des Verfahrens Vorschläge für die Einigung machen.

12 Die **E-Stelle hat einen sachlichen Gedankenaustausch** zwischen Unternehmer und BR **zu fördern** und die eigentlichen Streitpunkte herauszuschälen, insbes. also die Mißverständnisse zu bereinigen, die etwa entstanden sind und die Einigung erschweren. Zur Klärung des Sachverhalts kann sie jede Seite auffordern, **Unterlagen vorzulegen.** Dies gilt insbes. für den Unternehmer, der veranlaßt werden kann, die Unterlagen für seine geplanten Entscheidungen vorzulegen. Beruft sich der Unternehmer darauf, es sei keine Betriebsänderung i. S. des § 111 beabsichtigt (z. B. nur Stillegung unwesentlichen Betriebsteils), so hat die E-Stelle hierüber als Vorfrage mit zu entscheiden (BAG 18. 3. 75, AP Nr. 1 zu § 111 BetrVG 72) und ggfs. Beschluß darüber zu fassen, daß sie ihre Tätigkeit einstellt, da eine dem MBR unterliegende Frage nicht vorliegt (vgl. § 76 Rdnr. 42).

13 Kommt es zu einer **Einigung,** über die der BR einen Beschluß zu fassen hat (§ 33), so ist sie im vollen **Wortlaut schriftlich niederzulegen** und vom Unternehmer, BRVors. und Vors. der E-Stelle zu **unterschreiben.** Ist die Schriftform nicht gewahrt, so ist im Zweifel kein Interessenausgleich zustandegekommen (*Dietz-Richardi,* Rdnr. 18). Die E-Stelle hat darauf hinzuwirken, daß dieser Wortlaut klar ist. Die Einigung kann erreicht werden dadurch, daß der Unternehmer auf die Maßnahme verzichtet oder sich den Vorschlägen des BR anschließt, daß der BR seine Bedenken oder Gegenvorschläge zurückzieht oder daß sich beide Seiten durch gegenseitiges Nachgeben mit der Durchführung bestimmter Maßnahmen, die sich erst im Laufe der Verhandlung als zweckmäßig erwiesen haben, einverstanden erklären. Im Falle der Einigung ist es zweckmäßig, wenn gleichzeitig schon eine Regelung über den Sozialplan getroffen wird. Wegen der verschiedenen Materien und Rechtswirkungen von **Interessenausgleich** und **Sozialplan** sollten aber die Einigungen in **getrennten Urkunden** niedergelegt werden. Während auf Grund eines Sozialplans der einzelne ArbN unmittelbar klagen kann (Rdnr. 28, 41) entfaltet der **Interessenausgleich** für den einzelnen ArbN Rechtswirkungen nur nach § 113; er ist **kein vollstreckbarer Titel** (*Rumpff,* S. 298; *GK-Fabricius,* Rdnr. 20), sondern eine kollektive Vereinbarung bes. Art (*Dietz-Richardi,* Rdnr. 20, 22; *GK-Fabricius,* a. a. O., aber Rdnr. 8: Vertrag nach §§ 145 ff. BGB).

14 Kommt auch vor der E-Stelle **kein Interessenausgleich zustande** (was der Vors. der E-Stelle festzustellen hat, LAG Düsseldorf, 14. 11. 83, DB 84, 511), so kann der **Unternehmer die geplante Maßnahme nunmehr durchführen.** Ein Nachteilsausgleich entfällt, nicht aber die Verpflichtungen auf Grund eines Sozialplans. Die eingehenden Verfahrensvorschriften, auch über den Interessenausgleich zeigen, daß eine **Verhandlungsobliegenheit des Unternehmers** besteht, obwohl insoweit die E-Stelle keinen verbindlichen Spruch fällen kann. Vor Ausschöpfung des Verhandlungsweges darf der Unternehmer die Betriebsänderung nicht durchführen (vgl. *Buschmann,* BB 83, 510; *Kammann-Hess-Schlochauer,* Rdnr. 2; BAG 18. 12. 1984, AP Nr. 11 zu § 113 BetrVG 72, vgl. auch § 113 Rdnr 8; wegen einstw. Verfg. vgl. aber § 111 Rdnr. 41). Sonst ist er zum Nachteilsausgleich verpflichtet.

15 Unberührt von einem erfolgreichen Interessenausgleich bleiben die **weiteren MBR bei Durchführung der Betriebsänderung,** insbes. nach §§ 90, 98, 99 und 102, sofern nicht schon über konkrete Folgemaßnahmen im Rahmen des Interessenausgleiches Einigung erzielt ist, insbes. über Zeitpunkt von Kündigungen u. die betroffenen ArbN (BAG 14. 11. 1956, AP Nr. 9 zu § 66 BetrVG; *Meisel,* a. a. O. S. 156). Im letzteren Fall kann eine Vermutung für eine sozialgerechte Auswahl bei notwendigen Kündigungen sprechen (ArbG Kiel, 23. 1. 1974, DB 74, 437; *Galperin-Löwisch,* Rdnr. 16). Eine derartige Einigung ersetzt aber nicht die Kündigung (vgl. Rdnr. 29). Wegen Kurzarbeit zur Vermeidung von Kündigungen vgl. § 102 Rdnr. 50.

3. Sozialplan

a) Allgemeine Voraussetzungen

16 Unabhängig davon, ob der Unternehmer eine Betriebsänderung i. S. des § 111 auf Grund eines Interessenausgleichs mit dem BR oder ohne eine solche Einigung durchführt, besteht ein **(erzwingbares) MBR des BR auf Aufstellung eines Sozialplans,** auch noch nach Durchführung der Betriebsänderung (BAG 15. 10. 1979, AP Nr. 5 zu § 111 BetrVG 72). Dies gilt auch, wenn der Unternehmer einen Interessenausgleich überhaupt nicht versucht hat, also auch die weiteren Rechtsfolgen nach § 113 eintreten können (LAG **Hamm,** AP Nr. 1 zu § 112 BetrVG 72; *Dietz-Richardi,* Rdnr. 42; **a. M.** *Reuter-Körnig,* AktG 78, 325, vgl. auch § 113 Rdnr. 25). Der Unternehmer hat **kein „Wahlrecht" zwischen Sozialplan und Nachteilsausgleich** (*Dietz-Richardi,* Rdnr. 142). Der Sozialplan soll die wirtschaftlichen, d. h. vermögenswerten Nachteile (zum Begriff vgl. *Hanau,* ZfA 74, 100 u. *Vogt,* BlStR 82, 234), nicht immaterielle Beeinträchtigungen (*Dietz-Richardi,* Rdnr. 47, 55; *Vogt,* a. a. O.), die die geplante (oder etwa bereits eingeleitete oder gar durchgeführte) Maßnahme für die ArbN zur Folge hat, ausgleichen oder wenigstens mildern.

b) Einschränkungen (§ 112a)

17 Die **Erzwingbarkeit eines Sozialplanes** durch Spruch der E-Stelle unterliegt aber jetzt nach § 112a folgenden gegenüber § 111 einschränkenden Voraussetzungen, sofern das Tätigwerden der E-Stelle (§ 76 Rdnr. 24) nach dem 1. 5. 1985 beantragt worden ist:

(1) Bei geplanten Betriebsänderungen nach § 111 Satz 2 Nr. 1, die **lediglich durch Personalabbau** und nicht unter gleichzeitiger Änderung

sächlicher Betriebsmittel erfolgt, ist nicht die Staffel gem. der Rechtsprechung des BAG maßgebend (vgl. § 111 Rdnr. 19), sondern die höheren Zahlen, bzw. Prozentsätze des § 112a Abs. 1. Ein Sozialplan ist nur erzwingbar, wenn

in Betrieben mit in der Regel (§ 1 Rdnr. 55ff.)

21–59 ArbN	20% der ArbN, aber mindestens 6 ArbN
60–249 ArbN	20% der ArbN oder mindestens 37 ArbN
250–499 ArbN	15% der ArbN oder mindestens 60 ArbN
500–599 ArbN	60 ArbN
ab 600 ArbN	10% der ArbN

aus betriebsbedingten Gründen entlassen werden. Wegen anderweitigen Ausscheidens aus dem Arbeitsverhältnis und wegen Teilzeitbeschäftigten vgl. § 111 Rdnr. 20, 21.

18 (2) § 112a Abs. 2 schließt die Anwendung der Vorschriften des § 112 Abs. 4 und 5 auf Betriebe **neugegründeter Unternehmen** für vier Jahre aus. Soweit § 112a Abs. 2 eingreift, ist ein **Sozialplan nicht erzwingbar,** und zwar für **alle Fälle von Betriebsänderungen.** Es ist aber rechtlich unbedenklich, wenn der Unternehmer mit dem BR auch in den Fällen, in denen der Sozialplan nicht erzwingbar ist, einen Sozialplan vereinbart.

Zweck der Bestimmung ist es, einem Unternehmer die schwierige Anfangsphase des Aufbaus zu erleichtern. Der Unternehmer soll von dem Risiko befreit werden, im Falle des Scheiterns seiner Neugründung mit Sozialplanverpflichtungen belastet zu werden.

Begünstigt sind nur **neugegründete Unternehmen.** Abzustellen ist auf das **Alter des Unternehmens.** Unternehmen, die länger als 4 Jahre bestehen, können sich nicht auf die begünstigende Vorschrift berufen, auch wenn sie einen neuen Betrieb gründen. Ältere Unternehmen müssen das Risiko ohne Einschränkung tragen (vgl. zum Entwurf *Wlotzke,* NZA 84, 217; *Otto,* ZfA 85, 74).

Um Streitigkeiten über den **Zeitpunkt der Gründung** auszuschließen, bestimmt Satz 3 als Zeitpunkt der Gründung die Aufnahme einer nach § 138 AO mitteilungspflichtigen Erwerbstätigkeit. Nach § 138 Abs. 1 AO ist die Eröffnung eines gewerblichen Betriebes oder einer Betriebsstätte zu melden. Maßgebend ist die Aufnahme der Erwerbstätigkeit, nicht der Zeitpunkt der Mitteilung an das Finanzamt, die binnen einem Monat zu erfolgen hat. Ist z. B. die Erwerbstätigkeit am 1. März 1985 aufgenommen worden, so endet die Begünstigung mit Ablauf des 1. März 1989.

Um ein begünstigtes neugegründetes Unternehmen handelt es sich **nicht,** wenn die **Neugründung im** Zusammenhang **mit Umstrukturierungen** von Unternehmen und Konzernen steht (Satz 2). Maßgebend sind wirtschaftliche Verflechtungen des neugegründeten Unternehmens zu bereits bestehenden Unternehmen. Auf die rechtliche Selbständigkeit kommt es nicht an, entscheidend ist die **wirtschaftliche Betrachtungsweise.** Das Gesetz enthält bewußt nur eine allgemeine Umschreibung.

In der Begründung zum Regierungsentwurf werden folgende **Beispiele** genannt: Die Verschmelzung von Unternehmen zu einem neuen Unternehmen, die Umwandlung auf (in) ein neues Unternehmen, die Auflösung eines Unternehmens und die Übertragung seines Vermögens auf ein neues Unternehmen, die Aufspaltung eines Unternehmens auf mehrere neugegründete Unternehmen oder die Abspaltung von Unternehmensteilen auf neugegründete Tochtergesellschaften. Die Aufzählung ist nicht abschließend, nur beispielhaft gemeint.

Es sind damit Tatbestände angesprochen, in denen eine Gesamtrechtsnachfolge vorliegt (vgl. Verschmelzung von Kapitalgesellschaften, §§ 339ff. AktG; Übertragungsumwandlung, § 359ff. AktG; Umwandlung von Kapitalgesellschaften in Personalgesellschaften nach dem Umwandlungsgesetz vom 6. 9. 1969), aber auch Fälle, in denen die Identität des Unternehmens erhalten bleibt, die Rechtsform jedoch wechselt (formwechselnde Umwandlung, § 362 AktG). Insoweit wiederholen die Beispiele nur Selbstverständliches. Praktisch bedeutsam sind nur die übrigen Fälle, deren gemeinsames Merkmal die wirtschaftliche Verflechtung zwischen neugegründeten Unternehmen und zuvor bereits bestehenden Unternehmen ist.

Die neugegründeten Unternehmen können sich auf die Begünstigung weiter nur berufen, wenn auch der **Betrieb,** in dem eine Betriebsänderung durchgeführt werden soll, **nicht älter als vier Jahre ist.** Der Wortlaut ist insoweit nicht eindeutig. Es bleibt offen, ob sich die Altersbestimmung nur auf das Unternehmen selbst bezieht oder **auch** auf den Betrieb.

Beispiele:

Ein neugegründetes Unternehmen erwirbt einen seit vielen Jahren bestehenden Betrieb. Dieser Betrieb soll rationalisiert werden (Betriebsänderungen nach § 111 Nr. 1, 4 und 5).

Der Kommanditist (und Geldgeber) einer KG gründet eine neue KG und erwirbt einen älteren Betrieb der KG. Er kann diesen Betrieb nicht sanieren, ohne einen Sozialplan aufzustellen.

Es wäre nicht gerechtfertigt, dieses Unternehmen zu begünstigen. Der Zweck des Gesetzes fordert eine solche Auslegung nicht, weil mit einer Betriebsübernahme keine neuen Arbeitsplätze geschaffen werden und keine Erleichterungen für die Anfangsphase eines Betriebes notwendig sind. Wer einen bereits bestehenden Betrieb übernimmt, kann Chancen und Risiken beurteilen. Die gegenteilige Auslegung stünde im Widerspruch zum **Grundgedanken des § 613a BGB.** Das neugegründete Unternehmen tritt bei der Übernahme eines älteren Betriebs in die Rechte und Pflichten der im Zeitpunkt der Übernahme bestehenden Arbeitsverhältnisse ein (vgl. weiter § 111 Rdnr. 12ff.). Konnte der frühere Unternehmer Betriebsänderungen nur mit der Verpflichtung durchführen, einen Sozialplan aufzustellen, muß gleiches auch für den

Erwerber gelten, selbst wenn dieser ein Unternehmen ist, das noch keine vier Jahre besteht.

Die Ausnahmevorschrift des § 112a Abs. 2 gilt danach nur für **neu errichtete Betriebe bei Unternehmensneugründungen.**

c) Der vereinbarte Sozialplan

(1) Zweck.

19 Es geht bei § 112 nicht in erster Linie um finanzielle Ansprüche des einzelnen ArbN, im Gegensatz zu dem Abfindungsanspruch des § 113 als Sanktionsnorm, sondern einmal um einen allgemeinen Ausgleich für den **Verlust des Arbeitsplatzes.** Derartige Leistungen sind nach Ansicht des BAG auch zulässig, wenn der ArbN alsbald auf einen gleichwertigen Arbeitsplatz weiterbeschäftigt werden kann, weil jedenfalls der Bestandsschutz des bisherigen Arbeitsverhältnisses und daraus abgeleitete Anwartschaften verlorengehen (vgl. BAG 23. 4. 1985, 1 ABR 3/81 und *Richardi* NZA 84, 177). Für die Entscheidung der E-Stelle vgl. aber § 112 Abs. 5 Nr. 2 u. dazu Rdnr. 35. Daneben hat der Sozialplan **Überleitungs- und Vorsorgefunktion** (so BAG 13. 12. 78, AP Nr. 6 zu § 112 BetrVG 72; 22. 5. 79, AP Nr. 3, 4 zu § 111 BetrVG 72; LAG Berlin, DB 80, 2343: Leistungen auch für ArbN, die in eine Auffanggesellschaft überwechseln; *Dietz-Richardi,* Rdnr. 27ff.; *Heinze,* NJW 80, 147; *Weller,* ArBlattei Sozialplan I; einschränkend: *Beuthin,* ZfA 82, 181 nur berufliches Veränderungsrisiko des ArbN; *Löwisch,* Festschrift Müller S. 301 u. *Galperin-Löwisch,* Rdnr. 3a: nur Daseinsvorsorge; *Vogt,* BlStR 82, 237: Erleichterung der Wiedereingliederung des ArbN; *Willemsen,* ZIP 81, 1058: Keine Entschädigung für abstrakten Verlust des Arbeitsplatzes ohne Nachteile, z. B. bei Übernahme in anderes Unternehmen; vgl. auch Rdnr. 35).

(2) Zustandekommen.

20 Das **Verfahren** zur Herbeiführung einer Einigung über den Sozialplan ist zunächst das **gleiche wie beim Interessenausgleich.** Es kann auf die Rdnr. 5–15 verwiesen werden. Beide Verfahren laufen zweckmäßigerweise parallel, da sie in einem systematischen Zusammenhang stehen (BAG 20. 4. 82, AP Nr. 15 zu § 112 BetrVG 72). Kommt ein Interessenausgleich nicht zustande, so braucht nicht abgewartet zu werden, bis der Unternehmer die Betriebsänderung tatsächlich durchgeführt hat. Die Maßnahmen des Sozialplanes haben sich danach zu richten, wie der Unternehmer seiner erklärten Absicht nach die Betriebsänderung durchführen will. Ändert der ArbGeb. nachträglich seinen Entschluß und will demgemäß die Betriebsänderung durchführen, so beginnt das Verfahren nach §§ 111ff. von neuem. Ggfls. ist auch ein neuer Sozialplan aufzustellen, der den alten ganz oder teilweise ersetzen kann (vgl. *Böhm,* BB 73, 1078; *GK-Fabricius,* Rdnr. 73 unter Berufung auf die Grundsätze über den Wegfall der Geschäftsgrundlage; vgl. auch Rdnr. 24). Ist zunächst nur eine Teilstillegung eines Unternehmens vorgesehen, muß dann aber

vor deren Durchführung das gesamte Unternehmen stillgelegt werden, so ist unbeschadet eines früheren Sozialplanes ein neuer Sozialplan für alle ArbN aufzustellen (BAG 9. 12. 81, AP Nr. 14 zu § 112 BetrVG 72). Gehen die Betriebspartner von irrigen Voraussetzungen über die zur Verfügung stehende Finanzmasse aus, so können sie sich auf den Wegfall der Geschäftsgrundlage berufen und die Aufnahme neuer Verhandlungen verlangen, notfalls auch die E-Stelle anrufen (BAG 17. 2. 81, AP Nr. 11 zu § 112 BetrVG 72).

(3) Inhalt.

21 Die Feststellung wesentlicher Nachteile durch die Betriebsänderung ist zum Zeitpunkt der Aufstellung des Sozialplans nur schwer möglich. Es ist daher nicht erforderlich, daß tatsächlich wesentliche Nachteile i. S. des § 111 für die ArbN eingetreten sind, oder eintreten werden, (*Dietz-Richardi,* Rdnr. 35, 49; so aber offenbar *GK-Fabricius,* Rdnr. 21, 31; eine Aufrechnung von Vor- und Nachteilen wollen vornehmen *Dietz-Richardi,* Rdnr. 48 und *Galperin-Löwisch,* Rdnr. 21); die **Möglichkeit des Eintritts eines** (materiellen) **Nachteils genügt** (*Fuchs,* a. a. O., S. 28). Es ist zulässig, daß Sozialpläne **pauschaliert** und u. U. gestaffelt (z. B. Dauer der Betriebszugehörigkeit, Lebensalter) Abfindungen für den Verlust des Arbeitsplatzes und den Verlust der im Laufe des Arbeitsverhältnisses erworbenen Vorteile vorsehen (BAG 13. 12. 1978, 23. 4. 1985 – 1 ABR 3/81 – AP Nr. 6, 26 zu § 112 BetrVG 72; *Ohl,* ArbuR 80, 108; vgl. weiter Rdnr. 22). Es kann nicht von vornherein die Verhandlung über einen Sozialplan mit der Begründung abgelehnt werden, Nachteile seien nicht eingetreten oder nicht zu erwarten. Maßgebend ist die **Betrachtung** zu dem **Zeitpunkt,** zu dem der Sozialplan bei freiwilliger Einigung abgeschlossen werden soll, also nach den Absichten des Gesetzgebers **vor der Betriebsänderung.** Nach einer Prognose zu diesem Zeitpunkt können die wirtschaftlichen Nachteile der zu entlassenden ArbN abgegolten werden, mit denen im Zeitpunkt der Betriebsstillegung typischerweise zu rechnen ist (BAG 23. 4. 1985, 1 ABR 3/81 a. a. O.). Andererseits ist es auch möglich, unterschiedliche Leistungen zu gewähren, je nach den tatsächlich eingetretenen oder für die betroffenen ArbN zu erwartenden Nachteilen (BAG 8. 12. 1976, 20. 11. 1978, 12. 2. 1985, AP Nr. 3, 7, 25 zu § 112 BetrVG 72). Für die Entscheidung der **E-Stelle** beim erzwingbaren Sozialplan vgl. aber § 112 Abs. 5 Nr. 1 u. dazu Rdnr. 34.

22 **Inhalt des Sozialplans** ist nicht die wirtschaftliche Unternehmerentscheidung, sondern der **Schutz der ArbN auf sozialem und personellem Gebiet.** Ein Sozialplan darf deshalb keine Regelungen enthalten, die ausschließlich zu Lasten der ArbN wirken (BAG 7. 8. 1975, AP Nr. 169 zu § 242 BGB Ruhegehalt; BAG 30. 10. 80, AP Nr. 3 zu § 1 BetrAVG; Keine Aufhebung oder Kapitalisierung unverfallbarer Versorgungsanwartschaften, 24. 3. 81, AP Nr. 12 zu § 112 BetrVG 72). In einem Sozialplan können z. B. **folgende Regelungen** getroffen werden: Zahlung von einmaligen Abfindungen oder auch laufenden Ausgleichszahlungen.

Pauschalierungen nach einem **Punktsystem,** das insbesondere Lebensalter, Familienstand, Dauer der Betriebszugehörigkeit und bisherige Vergütungs- oder Gehaltsgruppe berücksichtigen, sind nach der bisherigen Rechtsprechung (vgl. BAG 11. 6. 1975, 22. 5. 1979, AP Nr. 1 zu § 77 BetrVG 72 Auslegung, AP Nr. 4 zu § 111 BetrVG 72) und auch zukünftig für einen durch die E-Stelle aufgestellten Sozialplan (vgl. Rdnr. 34) zulässig. Insbesondere in kleineren Betrieben können aber unter Berücksichtigung des Gleichbehandlungsgrundsatzes **auch** Sozialplanleistungen **individuell je nach den persönlichen Verhältnissen der einzelnen betroffenen ArbN** festgelegt werden. Das entsprach schon der bisherigen Rechtslage (BAG 12. 2. 1985 – 1 AZR 40/84 – AP Nr. 25 zu § 112 BetrVG 72) und wird der **E-Stelle** bei ihrer Entscheidung nach § 112 Abs. 5 Nr. 1 jetzt als Ermessensmaßstab ausdrücklich vorgegeben (vgl. Rdnr. 34). Bei **älteren ArbN** kann berücksichtigt werden, daß sie alsbald das vorgezogene Altersruhegeld nach § 1248 RVO beantragen können, so daß sie nur geringere Leistungen für den Verlust des Arbeitsplatzes erhalten (BAG 10. 11. 1982, 14. 2. 1984, 23. 4. 1985, AP Nr. 5 zu § 42 SchwbG, AP Nr. 21, 26 zu § 112 BetrVG 72; siehe auch § 75 Rdnr. 20). Weiter kommen in Betracht: Zahlungen von Lohnausgleich oder Auslösung bei Versetzungen, Beihilfen für Umschulungs- oder Weiterbildungsmaßnahmen, Weitergewährung von Deputaten, Gewinnbeteiligungen, vermögenswirksame Leistungen, ArbGebDarlehen, Werkwohnungen, Übernahme von Bewerbungs- und Fahrtkosten, Aufrechterhaltung von Pensionsanwartschaften (BAG 13. 2. 1975, 7. 8. 1975, AP Nr. 9 zu § 242 BGB Ruhegehalt und Unverfallbarkeit, AP Nr. 169 zu § 242 BGB Ruhegehalt; wegen Zuständigkeit des BR für Pensionäre vgl. § 77 Rdnr. 26). Die Aufstellung der durch die E-Stelle zu berücksichtigende Gesichtspunkte in § 112 Abs. 5 Nr. 1 (Rdnr. 34) ist lückenhaft. Es kann auch ein **Sonderfond** für (unvorhergesehene) Härtefälle, z. B. längere Arbeitslosigkeit, als Reserve gebildet werden. Wegen weiterer Beispiele und Muster abgeschlossener Sozialpläne vgl. *Schmitt* MitbGespr. 75, 78 und *Vogt* Sozialpläne in der betrieblichen Praxis, Otto Schmidt Verlag Köln, 2. Aufl., 1981 Teil C, Seite 174ff., derselbe BB 75, 1583ff.

23 Schon nach der bisherigen Rechtsprechung können Abfindungen auf die ArbN beschränkt werden, denen kein zumutbarer anderer Arbeitsplatz angeboten werden kann oder die noch keine anderweitige Beschäftigung gefunden haben (BAG 17. 2. 81, AP Nr. 11 zu § 112 BetrVG) oder die einen gleichwertigen und gleichbezahlten Arbeitsplatz in einem anderen Betrieb des Unternehmens oder Konzerns ablehnen, selbst wenn damit ein Ortswechsel verbunden ist. Unter welchen Voraussetzungen ein anderes Arbeitsplatzangebot zumutbar ist, kann im Sozialplan näher festgelegt werden, sofern die Grundsätze des § 75 gewahrt werden (BAG 8. 12. 1976, 25. 10. 1983 AP Nr. 3, 18 zu § 112 BetrVG 72). Wegen **Entscheidungsmaßstäben für die E-Stelle** vgl. § 112 Abs. 5 Nr. 2 u. Rdnr. 35, 36.

24 Die **Aufstellung vorsorglicher Sozialpläne** für noch gar nicht geplante Betriebsänderungen fällt nicht unter §§ 111ff. und ist auch nicht erzwingbar (vgl. BAG 25. 10. 1983 – 1 AZR 225/82 –; *Dietz-Richardi,* Rdnr. 39; *Fuchs,* a. a. O. S. 94; vgl. aber § 111 Rdnr. 14 a. E.). Wohl aber ist es möglich, unabhängig von §§ 111 ff. Vereinbarungen über betriebliche Rationalisierungsschutzmaßnahmen zu treffen, insbes. auch zur Erleichterung späterer Verhandlungen im Falle einer nunmehr geplanten Betriebsänderung (vgl. BAG 29. 11. 83, AP Nr. 10 zu § 113 BetrVG 72).

25 Es können auch Abfindungen für ArbN vorgesehen werden, die noch **nicht unter das KSchG** fallen (LAG Düsseldorf, 1. 4. 1976, DB 76, 1824; *Galperin-Löwisch,* Rdnr. 35) oder deren Arbeitsverhältnis gem. Art. 1, § 1 BeschFG auf längstens 18 Monate befristet worden ist. Allerdings werden bei befristeten Arbeitsverhältnissen nur in geringerem Umfang Leistungen in Betracht kommen. **Teilzeitbeschäftigte ArbN** (§ 111 Rdnr. 20) müssen wegen des Verbots unterschiedlicher Behandlung (Art. 1 § 2 BeschFG) bei Sozialplanleistungen mitberücksichtigt werden, jedenfalls im Verhältnis ihrer Arbeitszeit zu der vollzeitbeschäftigter ArbN.

26 **Leitende Ang.** erfaßt ein Sozialplan nicht (*GK-Fabricius,* Rdnr. 63; BAG 31. 1. 79, AP Nr. 8 zu § 112 BetrVG 72). Mit ihnen kann allerdings der Unternehmer Einzelvereinbarungen abschließen in Anlehnung an den Sozialplan. Eine Verpflichtung des Unternehmers auf Grund des Gleichbehandlungsgrundsatzes besteht aber nicht (so noch BAG a. a. O.; wie hier jetzt aber BAG 16. 7. 85 – 1 AZR 206/81 –). Der BR kann auch nicht in Vertretung der leitenden Ang. entsprechende Verträge abschließen, wie das BAG in der Entscheidung vom 31. 1. 1979 angenommen hat. Er ist dazu kraft seiner Organstellung nicht befugt (kritisch auch *Dietz-Richardi* Rdnr. 7; *Galperin-Löwisch,* § 5 Rdnr. 94; *Konzen* und *Löwisch* in Festschrift Müller Seite 245 f., 301 ff.).

(4) Wirkungen.

27 Der Sozialplan hat die **Wirkung einer BV** und kann trotz etwaiger Tarifüblichkeit derartiger Regelungen (vgl. z. B. die Aufstellung von **Rationalisierungsschutzabkommen** bei *Pornschlegel,* RdA 78, 160, Fußnote 16 u. *Hagen,* BB 70, 129) abgeschlossen werden (§ 112 Abs. 1 Satz 2, 3, § 77 Abs. 3). Der **Tarifvorbehalt des § 77 Abs. 3 gilt** hier **nicht.** Der Sozialplan kann über eine tarifliche Regelung hinausgehen, sie aber nicht unterschreiten (*Dietz-Richardi,* Rdnr. 85 ff.; *Galperin-Löwisch,* Rdnr. 53; *Rumpff,* S. 356). Der Sozialplan ist aber wie die BV an zwingendes Gesetzesrecht gebunden (vgl. § 87 Rdnr. 4), z. B. § 1 Abs. 3 KSchG in seiner richterlichen Ausprägung (§ 95 Rdnr. 3), an § 75 Abs. 1 (BAG 29. 11. 1978, 12. 4. 1983, AP Nr. 7 zu § 112 BetrVG 72, AP Nr. 124 zu Art. 3 GG) und das BetrAVG (BAG 30. 10. 80, AP Nr. 3 zu § 1 BetrAVG; *Dietz-Richardi,* Rdnr. 65 ff.; *Galperin-Löwisch,* Rdnr. 39). Wegen Billigkeitskontrolle durch die Gerichte vgl. Rdnr. 41. Das BAG bezeichnet den Sozialplan als ,,BV besonderer Art“ (27. 8. 1975, 29. 11. 1978, AP Nr. 2, 7 zu § 112 BetrVG 72; *Fuchs,* a. a. O. S. 15 und *Dietz-Richardi,* Rdnr. 80 sehen ihn als ,,normale“ BV an).

28 Aufgrund des Sozialplanes entstehen **unmittelbare Rechtsansprüche** des einzelnen ArbN, auch vor Abschluß des Sozialplans, aber nach dem festgelegten Stichtag ausgeschiedener ArbN (LAG Hamm, AP Nr. 1 zu § 112 BetrVG 72, *Hanau,* ZfA 74, 107; *Dietz-Richardi,* Rdnr. 73; *Fuchs,* a. a. O. S. 27; *von Hoyningen-Huene,* RdA 83, 228; *Kammann-Hess-Schlochauer,* Rdnr. 15; *Stege-Weinspach;* Erg. Bd., Rdnr. 86; *Galperin-Löwisch,* Rdnr. 32). Wegen Vererblichkeit von Ansprüchen vgl. § 113 Rdnr. 26. Deshalb ist auf eine klare Formulierung zu achten und ein **Stichtag** festzulegen, von wann ab der Sozialplan gelten und danach ausscheidende ArbN erfassen soll. Ein versehentlich unberücksichtigt gebliebener ArbN hat auch dann Anspruch auf Auszahlung des ihm zustehenden Betrages gegenüber dem ArbGeb., wenn der hierfür gebildete Fonds erschöpft ist.

29 Der **Sozialplan ersetzt** aber **nicht die Kündigung des Arbeitsverhältnisses;** für deren Ausspruch besteht keine kollektive Regelungsmacht der Betriebspartner (BAG 17. 7. 1964, AP Nr. 3 zu § 80 ArbGG; *Galperin-Löwisch,* Rdnr. 29; *Dietz-Richardi,* Rdnr. 65; *Fuchs,* a. a. O. S. 34). Leistungen aus dem Sozialplan sind unabhängig davon, ob Kündigungen sozial gerechtfertigt sind (*Dietz-Richardi,* Rdnr. 52; vgl. auch § 113 Rdnr. 12). Auch ist es unzulässig, Leistungen aus dem Sozialplan davon abhängig zu machen, daß der ArbN keine Kündigungsschutzklage erhebt („Abkauf" des Kündigungsschutzes; *Fuchs,* a. a. O. S. 40; *Löwisch,* ZIP 81, 1293; BAG 20. 12. 1983, AP Nr. 17 zu § 112 BetrVG 72 **a. M.** *Hunold,* BB 84, 2282, sofern Sozialplanleistungen ohne Nachweis von Nachteilen erfolgen u. Stege-Weinspach, Erg. Bd., Rdnr. 87). Sozialplanleistungen sind nicht zu vergleichen mit vergleichsweise gewährten Kündigungsabfindungen. Wohl aber können Sozialpläne vorsehen, daß evtl. Abfindungszahlungen nach §§ 9, 10 KSchG auf Sozialplanleistungen angerechnet werden (*Heinze,* NZA 84, 17).

30 Da Leistungen aus einem Sozialplan regelmäßig kein Arbeitsentgelt i. S. des § 117 Abs. 1 AFG sind, **ruht** der Anspruch auf **Arbeitslosengeld nicht.** Ein zeitweises Ruhen in den Grenzen des § 117 Abs. 3 AFG kommt gemäß § 117 Abs. 2 AFG (zuletzt geändert durch Gesetz vom 22. 12. 81, BGBl I, S. 1497) nur bei Abfindungen, Entschädigungen oder „ähnlichen Leistungen" in Betracht, die der ArbN wegen der Beendigung des Arbeitsverhältnisses erhalten oder zu beanspruchen hat, sofern die Beendigung zu einem Zeitpunkt erfolgt, der vor dem Kündigungstermin bei einer ordentlichen Kündigung durch den ArbGeb. liegt. Das Ruhen des Arbeitslosengeldes kommt also nur in Frage, wenn und soweit das Arbeitsverhältnis unter Nichteinhaltung der Kündigungsfristen und -termine vorzeitig beendet worden ist. Diese, unter Umständen Lohnbestandteile enthaltenden und deshalb z. T. anrechenbaren Zahlungen haben aber mit den Ansprüchen aus Sozialplänen für den Verlust des Arbeitsplatzes nichts zu tun (zu § 117 Abs. 2 u. 3 AFG n. F. im Anschluß an die Entscheidung des BVerfG vom 12. 5. 1976, AP Nr. 1 zu § 117 AFG vgl. *Ammermüller,* DB 77, 2445, *Behrens,* DB 78, 1224 und *Ottow,* DB 78, 1226; BAG 13. 1. 82, AP Nr. 7 zu § 9 KSchG 1969; BSG 21. 5. 80, AP Nr. 2 zu § 117 AFG, 23. 6. 81, EzA AFG § 117

Nr. 2; wegen arbeitsgerichtlicher Vergleichspraxis vgl. Reinecke BB 81, 854 u. BAG 28. 4. 1983, AP Nr. 3 zu § 117 AFG). Sozialplanabfindungen sind bei der Feststellung der unterhaltsrechtlichen Leistungsfähigkeit zu berücksichtigen (BGH 23. 12. 81, AP Nr. 13 zu § 112 BetrVG). Wegen **steurrechtlicher** Behandlung finanzieller Leistungen aus einem Sozialplan vgl. § 113 Rdnr. 27.

(5) Kündigung u. Wegfall der Geschäftsgrundlage

31 Eine **Kündigung** des Sozialplans ist nur für Dauerregelungen denkbar (*Dietz-Richardi,* Rdnr. 90, ähnlich *GK-Fabricius,* Rdnr. 72 und *Galperin-Löwisch,* Rdnr. 43). Dann wirkt aber der alte Sozialplan gemäß § 76 Abs. 6 bis zu einer anderweitigen Regelung nach, soweit der Sozialplan erzwingbar ist (*Dietz-Richardi,* a. a. O.; *Rumpff,* S. 309). Bei **Wegfall der Geschäftsgrundlage** für einen Sozialplan kann statt einer außerordentlichen Kündigung die notwendige Anpassung auch durch Abschluß einer ersetzenden BV erfolgen (BAG 28. 2. 1984 – 1 AZR 134/83 –). Wegen Neuabschluß eines Sozialplanes nach Konkurseröffnung vgl. SozplKonkG § 3 Rdnr. 18, § 4 Rdnr. 21. Nach BAG 24. 3. 81, AP Nr. 12 zu § 112 BetrVG 72 kann ein späterer Sozialplan, der vom BR des aufnehmenden Betriebes eines Unternehmens abgeschlossen wird, die bisherigen Leistungen im Rahmen von Recht und Billigkeit für die Zukunft verschlechtern (kr. *Naendrup,* ArbuR 84, 193).

d) Der von der Einigungsstelle beschlossene Sozialplan

(1) Ermessensrichtlinien

32 Kommt eine freiwillige Einigung zwischen den Betriebspartnern auch unter Vermittlung der **E-Stelle** nicht zustande, so entscheidet diese – sofern nicht eine der Ausnahmen der Rdnr. 17, 18 gegeben ist – **verbindlich** über die Aufstellung eines Sozialplans, der auch in diesem Fall die Wirkung einer BV hat (Rdnr. 27). Die E-Stelle hat nach § 112 Abs. 5 Satz 1 (bisher Abs. 4) eine Interessenabwägung zwischen den sozialen Belangen der betroffenen ArbN und der wirtschaftlichen Vertretbarkeit der Belastungen für das Unternehmen (nicht den Unternehmer persönlich) vorzunehmen und dieses Interessen auszugleichen. Höchstbeträge oder Prozentsätze wie beim Sozialplan im Konkurs legt das Gesetz nach wie vor nicht fest (vgl. auch Rdnr. 37). Bei einem kraft Eingliederungs- oder Gewinnabführungsvertrag abhängigen **Konzernunternehmen** (vgl. § 54 Rdnr. 7) ist nicht nur die wirtschaftliche Lage des betroffenen Unternehmens, sondern des ganzen Konzerns zu berücksichtigen (vgl. für die Betriebsrentenanpassung gem. § 16 BetrAVG; BAG 19. 5. 81, AP Nr. 13 zu § 16 BetrAVG und wegen Unternehmensaufspaltung § 111 Rdnr. 14).

33 § 112 Abs. 5 stellt jetzt ausdrücklich klar, daß die E-Stelle wie auch in anderen Fällen gem. § 76 Abs. 5 S. 3 nach **billigem Ermessen** (vgl. § 76 Rdnr. 32) zu entscheiden hat. An dem Vorrang des billigen Ermessens ändert sich nichts dadurch, daß das Gesetz, anders als für den freiwillig vereinbarten Sozialplan, einige zusätzliche Entscheidungshilfen in An-

lehnung an die bisherige Rechtsprechung und Rechtslehre gibt. Allerdings werden durch die gesetzlichen Vorgaben die Grenzen des Ermessens abgesteckt.

Für die E-Stelle sind folgende Grundsätze maßgebend:

(2) Gegebenheiten des Einzelfalls

34 (1) Beim Ausgleich oder der Milderung wirtschaftlicher Nachteile soll nach **Abs. 5 Nr. 1** „in der Regel den Gegebenheiten des Einzelfalles" Rechnung getragen werden. Nach der Begründung des Regierungsentwurfs soll die E-Stelle nicht von vornherein generelle Abfindungen pauschal vorsehen, sondern feststellen, welche **Nachteile einzelnen ArbN** oder Gruppen von ArbN **tatsächlich entstehen,** wobei aber durchaus auch **pauschalierende Faktoren** (Lebensalter, Familienstand, Dauer der Betriebszugehörigkeit) ins Gewicht fallen können. Dieser Berücksichtigung der individuellen Nachteile steht aber vielfach, wie die Begründung zum Regierungsentwurf selbst ausführt, entgegen, daß ein Sozialplan schnell aufgestellt und abgewickelt werden soll, so daß sich oft zum Zeitpunkt seiner Aufstellung noch gar nicht beurteilen läßt, welche Nachteile der einzelne ArbN zu erwarten hat. Es ist nur eine Prognose möglich. Dann aber können Ausgleichsleistungen für typischerweise zu erwartende Nachteilen vielfach doch nur pauschaliert werden (vgl. weiter Rdnr. 21, 22; *Stege/Weinspach,* Erg. Bd., Rdnr. 131 verlangen ins Einzelne gehende Ermittlungen). Ggfs. können neben der Gewährung eines Grundbetrages nach einem Punktsystem weitere einmalige oder laufende Leistungen (bis zu einem bestimmten Endtermin) für die ArbN vorgesehen werden, denen zukünftig weitere wirtschaftliche Nachteile entstehen (z. B. Fahrtkosten). Spätere Leistungen aus Sozialplänen müssen aber in den Anspruchsvoraussetzungen schon konkret geregelt werden. Dabei ist das Diskriminierungsverbot des § 75 zu beachten, so daß z. B. Frauen und Teilzeitbeschäftigte nicht ausgenommen oder schlechter gestellt werden dürfen. Diese Ansprüche sind im Rahmen des Gesamtvolumens des Sozialplans (Rdnr. 37) zu begleichen. Nr. 1 zählt beispielhaft einige wirtschaftliche Nachteile auf, die insbes. für ArbN eintreten können, die trotz der Betriebsänderung weiterbeschäftigt werden, aber Verluste in ihren „sozialen Besitzstand" hinnehmen müssen. Der Verlust des Arbeitsplatzes wird erst in Nr. 2 angesprochen (Rdnr. 35).

(3) Aussichten auf dem Arbeitsmarkt

35 (2) Nach § 112 **Abs. 5 Nr. 2 Satz 1** hat die E-Stelle weiter die **Aussichten der betroffenen ArbN** auf dem **Arbeitsmarkt** zu prüfen. Hier handelt es sich um Fälle, in denen durch die Betriebsänderung der bisherige Arbeitsplatz verloren geht, vielfach auch eine anderweitige Beschäftigung im Betrieb nicht mehr möglich ist. Nach der Begründung zum Regierungsentwurf (Besonderer Teil) soll hier eine **Prognose** gestellt werden, da bei Aufstellung des Sozialplanes regelmäßig noch nicht feststehe, ob und wie lange ArbN arbeitslos werden. Damit wird der E-Stelle aber eine schwer lösbare Aufgabe übertragen, bei der der **Präsi-**

dent des LAA (vgl. Rdnr. 9) oder auch der Leiter des örtlichen AA als Sachverständiger hilfreich sein könnte. Hier kann ggfs. nach ArbN-Gruppen differenziert werden, z. B. nach fachlicher Qualifikation, aber auch nach Schwierigkeiten bei der Vermittlung auf dem Arbeitsmarkt wegen Alters, Behinderung, Ausländereigenschaft.

Nach **Abs. 5 Nr. 2 Satz 2** sollen ArbN von **Leistungen ausgeschlossen** werden, die in **demselben Betrieb oder in einem anderen Betrieb des Unternehmens oder Konzerns weiterbeschäftigt** werden können und dies trotz zumutbarer Arbeitsbedingungen ablehnen. Der Ausschluß von Leistungen ist nur insoweit gerechtfertigt, als diese den Verlust des Arbeitsplatzes ausgleichen sollen; diese Leistungen sind im Sozialplan zu bezeichnen.

Der Ausschluß von Leistungen aus einem Sozialplan ist nur vertretbar, wenn ein **verbindliches,** gleichwertiges **Arbeitsplatzangebot** abgelehnt wird, das insbesondere bei Versetzungen in ein anderes Konzernunternehmen von diesem abzugeben ist. Dabei ist auch die bisherige kündigungsschutzrechtliche Stellung des ArbN zu garantieren (vgl. Begründung zum Regierungsentwurf Besonderer Teil).

Was **„zumutbar"** ist, wird in Nr. 2 nicht gesagt. Im Rahmen ihres Ermessensspielraumes kann die E-Stelle beurteilen und festlegen, welche Arbeitsplätze zumutbar sind. Zumutbar sind in der Regel **gleichwertige Arbeitsbedingungen** im Verhältnis zu den bisherigen; sie brauchen nicht unbedingt gleichartig zu sein. Dabei können entweder die Gesichtspunkte für eine Zumutbarkeitsprüfung bezeichnet oder entsprechende Arbeitsplätze im Sozialplan bereits festgelegt oder die Beurteilung im Einzelfall einem paritätischen Ausschuß übertragen werden (vgl. den Fall BAG 8. 12. 76, AP Nr. 3 zu § 112 BetrVG 72).

Die **Gleichwertigkeit von Arbeitsbedingungen** muß in **finanzieller und beruflicher Hinsicht** gewährleistet sein. Die Zumutbarkeitsanordnung der BAA vom 15. 4. 1982 aufgrund des § 103 AFG ist nicht maßgebend (**a. M.** Löwisch, BB 85, 1200, 1205). Zumutbar ist nur eine Tätigkeit entsprechend der beruflichen Qualifikation und mit einer Vergütung, die dem tariflich abgesicherten Lohn (Gehalt) entspricht (einschränkend *Stege/Weinspach,* Erg.Bd. Rdnr. 138: erheblich geringere Bezahlung zumutbar). Der Wegfall von Überstunden am neuen Arbeitsplatz ist z. B. zumutbar. Trotz finanzieller Einbußen kann ein neues Arbeitsplatzangebot zumutbar sein, wenn zusätzlich Ausgleichsleistungen nach Abs. 5 Nr. 1 (Rdnr. 34) gewährt werden. Beruflich muß z. B. ein Facharbeiter als solcher weiterbeschäftigt werden, eine Tätigkeit gemäß einer geringeren Tarifgruppe, auch bei Lohnausgleich, wäre unzumutbar. Bei Weiterbeschäftigung entsprechend der beruflichen Qualifikation muß aber u. U. eine geringere Stellung in der Hierarchie des Unternehmens hingenommen werden. Von den ArbN wird auch verlangt werden können, daß sie sich Umschulungsmaßnahmen für eine gleichwertige Tätigkeit unterziehen. Schließlich ergibt sich aus der Formulierung „Weiterbeschäftigung" daß auch die bisherige Betriebszugehörigkeit angerechnet werden muß.

Nr. 2 Satz 2 führt das **Arbeitsplatzangebot eines anderen ArbGeb**

(außerhalb des Unternehmens oder Konzerns) nicht als Ausschlußtatbestand auf, das aber im Rahmen der Aussichten auf den Arbeitsmarkt eine Rolle spielen kann (vgl. insoweit weiter Rdnr. 23 zur bisherigen Rechtsprechung und Rechtslehre). Wegen der erforderlichen Zustimmung des Betriebsrats des neuen Betriebes vgl. § 99 Rdnr. 32.

36 Ein erforderlicher **Ortswechsel** soll die Weiterbeschäftigung für einen ArbN **nicht für sich allein** unzumutbar (Rdnr. 35) machen. Da die Begründung zum Regierungsentwurf (Besonderer Teil) auf die Entscheidung des BAG vom 25. Oktober 1983 (AP Nr. 18 zu § 112 BetrVG 72) verweist und selbst dahin interpretiert, daß durchaus **weitere Umstände** hinzutreten können, die eine Weiterbeschäftigung für den ArbN unzumutbar machen können, ist die Berücksichtigung derartiger Gesichtspunkte beim Spruch der E-Stelle nicht ausgeschlossen, z. B. hohes Lebensalter, Schwerbehinderteneigenschaft, Pflege von Familienangehörigen, erforderliche Umschulung von Kindern usw. In diesem Zusammenhang kommt einer weiten Entfernung des neuen vom alten Beschäftigungsort (z. B. Saarbrücken-Passau, Angebot einer Auslandstätigkeit) wegen des notwendigen Umzugs doch Bedeutung zu (**a. M.** Stege/Weinspach, Erg. Bd. Rdnr. 139). Falls der Spruch der E-Stelle solche besonderen persönlichen Umstände, die über die Schwierigkeiten des Ortswechsels an sich hinausgehen, nur in einer allgemeinen Formel anspricht (Zumutbarkeitsklausel) und sich der ArbN hierauf beruft, muß er im Streitfall im Klagewege nachweisen, daß er unter diese Klausel des Sozialplans fällt.

(4) Gesamtvolumen des Sozialplans.

37 (3) § 112 **Abs. 5 Nr. 3** fordert schließlich, daß beim **Gesamtvolumen** der Sozialplanleistungen der **Fortbestand des Unternehmens** bzw. die nach Durchführung der Betriebsänderung noch **verbleibenden Arbeitsplätze nicht gefährdet** werden. Auch diese Vorschrift entspricht der bisherigen h. M. und besagt Selbstverständliches. Der Gesetzgeber hat allerdings auch jetzt davon abgesehen, hier ein Gesamtvolumen für den Sozialplan oder doch für die Leistungen an einzelne ArbN in Form von Höchstbeträgen festzusetzen, wie dies beim Nachteilsausgleich nach § 113 (vgl. dort Rdnr. 25) oder bei Sozialplan im Konkurs (vgl. SozplKonkG § 2 Rdnr. 8ff.). geschehen ist. Wird ein Unternehmen allerdings liquidiert, ohne daß es notwendig ist, ein Konkurs- oder Vergleichsverfahren durchzuführen, so entfällt auch der Gesichtspunkt der Nr. 3, z. B., wenn in einem gut florierendem Unternehmen ein Betrieb stillgelegt wird.

4. Streitigkeiten

38 Ob die E-Stelle im Rahmen ihres Beurteilungsspielraums eine vertretbare Interessenabwägung beim Sozialplan vorgenommen u. die Ermessensgrenzen des § 112 Abs. 5 eingehalten hat, entscheidet auf Antrag des Unternehmers oder BR das **ArbG im BeschlVerf.** (§ 2a ArbGG). Dieser Antrag kann nur binnen zwei Wochen vom Tage der Zustellung des

Spruchs an gestellt werden (§ 76 Abs. 5 Satz 4, dort Rdnr. 33). Die Entscheidung lautet auf Bestätigung oder Feststellung der Unwirksamkeit des Sozialplans. Eine Abänderung des Spruchs dürfte im allgemeinen nicht in Betracht kommen (vgl. auch § 76 Rdnr. 33; *Heinze,* DB 74, 1815; (*Gnade-Kehrmann-Schneider-Blanke,* Rdnr. 45; BAG 30. 10. 79, AP Nr. 9 zu § 112 BetrVG 72; **a.M.** *Teubner,* BB 74, 488; *Schaub,* § 244 V 5). Nach Auffassung des BAG unterliegen auch freiwillig abgeschlossene Sozialpläne als BV der gerichtlichen Billigkeitskontrolle (BAG 11. 6. 75, 17. 2. 81, 9. 12. 81, 14. 2. 84, AP Nr. 1 zu § 77 BetrVG Auslegung, AP Nr. 11, 14, 21 zu § 112 BetrVG 72; kr. *Blomeyer,* DB 84, 926, 933; *Ahrend-Ruhmann,* DB 82, 224, 229; *Hromadka,* Anm. SAE 84, 330; *Küttner/Schlüpers/Rebel,* DB 85, 172, 174; *Otto,* ZfA 76, 392; *Reuter,* SAE 83, 201). Vgl. auch § 77 Rdnr. 73. Sonstige Rechtsfehler (z. B. Verstoß gegen § 75 Abs. 1) können auch nach Ablauf von zwei Wochen geltend gemacht werden.

39 Die ArbG entscheiden im BeschlVerf. auch über die Vorfrage, ob überhaupt eine Betriebsänderung i. S. des § 111 unter Berücksichtigung der bes. Voraussetzungen der Rdnr. 17, 18 vorliegt und damit die E-Stelle zur verbindlichen Entscheidung über den Sozialplan befugt war (vgl. *Bulla,* DB 76, 916) und über die Frage der Unwirksamkeit eines Sozialplanes wegen Veränderung der Geschäftsgrundlage (vgl. Rdnr. 31).

40 Die **Funktionsfähigkeit des BR** bleibt auch erhalten, wenn der **Betrieb** inzwischen **stillgelegt** worden ist, d. h. der BR kann nach wie vor über einen Sozialplan verhandeln und auch Beteiligter eines BeschlVerf. sein (**„Restmandat“;** BAG 29. 3. 1977, 14. 11. 1978, 30. 10. 1979, 20. 4. 82, AP Nr. 11 zu § 102 BetrVG 72, AP Nr. 6 zu § 59 KO, AP Nr. 9, 15 zu § 112 BetrVG 72; h. M.; vgl. auch § 21 Rdnr. 31; nach *Hanau,* ZfA 74, 109 soll für den BR nach Stillegung ein von ihm eingesetzter Treuhänder handeln; letzter Meinung offenbar auch LAG Berlin, 26. 3. 1975, BB 76, 602 und LAG Düsseldorf, 26. 3. 1975, BB 76, 602; *Dietz-Richardi,* Rdnr. 44f., *Richardi,* Sozialplan u. Konkurs, S. 33 will die Beauftragung eines Treuhänders, z. B. eines Gewerkschaftssekretärs durch den BR für zulässig ansehen; dagegen mangels gesetzlicher Grundlage zu Recht *Fuchs,* a. a. O., S. 56). Zur Anhörung des BR nach § 102 Abs. 1 bei sofortiger Betriebsstillegung vgl. § 103 Rdnr. 15.

41 Der **einzelne ArbN** kann im Rahmen eines **Urteilsverfahrens** nur Rechtsfehler des Sozialplans bei der Festlegung von Grund und Höhe der Ansprüche geltend machen. Solche Rechtsfehler sind z. B. die Nichtbeachtung des Diskriminierungsverbots oder des arbeitsrechtlichen Gleichbehandlungsgrundsatzes des **§ 75 Abs. 1.** Auch eine **Überschreitung der Ermessensgrenzen** ist ein Rechtsfehler. Ein zu Unrecht von Leistungen ausgeschlossener ArbN kann diese Leistungen einklagen (BAG 8. 12. 1976, 25. 10. 1983, AP Nr. 3, 18 zu § 112 BetrVG 72). Hält sich dagegen der Sozialplan im Rahmen billigen Ermessens und verstößt er auch nicht gegen höherrangige Rechtsnormen, so kann der einzelne ArbN keine Überprüfung des Sozialplans dahin erreichen, ob dessen Anwendung in seinem Einzelfall auch zu einem billigem Ergebnis führt

(BAG 17. 12. 81, 14. 2. 84, AP Nr. 11, 21 zu § 112 BetrVG 72). Würde man diese weitergehende Prüfung zulassen, so würde der Normcharakter des Sozialplanes gesprengt; das Gesamtvolumen der vom Unternehmer aufzubringenden Leistungen hinge davon ab, wieviel Prozesse mit welchen Erfolg geführt würden.

Ist der Spruch der E-Stelle im BeschlVerf. angefochten worden, so ist die Klage über Sozialplanansprüche bis zur Entscheidung über die Rechtswirksamkeit des Spruchs auszusetzen (LAG Hamm, DB 78, 1699). Hat umgekehrt die Klage eines ArbN im Urteilsverfahren Erfolg, so kann dies Anlaß dafür sein, daß ein neuer Sozialplan wegen der Änderung der Geschäftsgrundlage (vgl. Rdnr. 24) aufgestellt wird, der die bisherige Diskriminierung einzelner ArbN oder ArbNGruppen vermeidet.

§ 113 Nachteilsausgleich

(1) **Weicht der Unternehmer von einem Interessenausgleich über die geplante Betriebsänderung ohne zwingenden Grund ab, so können Arbeitnehmer, die infolge dieser Abweichung entlassen werden, beim Arbeitsgericht Klage erheben mit dem Antrag, den Arbeitgeber zur Zahlung von Abfindungen zu verurteilen; § 10 des Kündigungsschutzgesetzes gilt entsprechend.**

(2) **Erleiden Arbeitnehmer infolge einer Abweichung nach Absatz 1 andere wirtschaftliche Nachteile, so hat der Unternehmer diese Nachteile bis zu einem Zeitraum von zwölf Monaten auszugleichen.**

(3) **Die Absätze 1 und 2 gelten entsprechend, wenn der Unternehmer eine geplante Betriebsänderung nach § 111 durchführt, ohne über sie einen Interessenausgleich mit dem Betriebsrat versucht zu haben, und infolge der Maßnahme Arbeitnehmer entlassen werden oder andere wirtschaftliche Nachteile erleiden.**

Inhaltsübersicht

1. Vorbemerkung

1 Die Vorschrift regelt in Abs. 1 individualrechtlich die Folgen eines Abweichens des Unternehmers vom Interessenausgleich durch Zahlung von Abfindungen bei Entlassungen. Außerdem gewährt Abs. 2 zusätzlich einen zeitlich begrenzten Ausgleich sonstiger, d. h. nicht durch Entlassungen bedingter wirtschaftlicher Nachteile. Nach Abs. 3 gelten die Abs. 1 u. 2 entsprechend, wenn der Unternehmer das Verfahren nach §§ 111 f. überhaupt nicht durchführt. Die Verwendung des Ausdrucks

„Entlassungen" statt „Kündigungen" bedeutet keine erhebliche sachliche Änderung. § 113 gilt für alle Betriebsänderungen, auch soweit kein erzwingbarer Anspruch auf Abschluß eines Sozialplanes besteht (vgl. insoweit §§ 112, 112a Rdnr. 17, 18).

2 Entsprechende Vorschrift im **BPersVG 74:** Keine.

2. Abweichen von Interessenausgleich

3 Der Unternehmer muß sich grundsätzlich an einen erzielten Interessenausgleich über die geplante Maßnahme (§ 112, § 112a Rdnrn. 5–15) halten. Nur aus **zwingenden Gründen** darf er davon **abweichen,** ohne ausgleichspflichtig zu werden. Es muß sich um Gründe handeln, die nicht allein in den ursprünglichen Gründen für die Betriebsänderung liegen können (BAG 17. 9. 1974, AP Nr. 1 zu § 113 BetrVG 72). Der Unternehmer kann daher einwenden, d. h., er ist darlegungs- u. beweispflichtig, daß er aus zwingenden Gründen von der erzielten Einigung abweichen mußte. Ein solcher Anlaß ist noch nicht gegeben, wenn das Abweichen auf einem freien Entschluß des Unternehmens beruht, sondern nur dann, wenn dieser im Interesse des Unternehmens und seiner ArbNschaft zur Abwendung unmittelbar drohender Gefahren oder in Anpassung an eine Lage, die ihm **praktisch keine andere Wahl** ließ, bestimmte Handlungen der Unterlassungen auf sich nehmen mußte. Es ist vom Standpunkt eines verständigen, verantwortungsbewußten Unternehmers auszugehen und an die Notwendigkeit der Abweichung ein strenger Maßstab anzulegen (ähnlich *Dietz-Richardi,* Rdnr. 9; *Kammann-Hess-Schlochauer,* Rdnr. 4; *Galperin-Löwisch,* Rdnr. 8).

4 Ist z. B. im Interessenausgleich ausgesprochen, daß die Entscheidung über eine für den 1. 6. 1985 geplante Betriebsstillegung zunächst auf ein Jahr zurückgestellt werden und der Unternehmer den Betrieb in seinem seitherigen Umfang weiterführen soll und fügt sich der Unternehmer dem nicht, weil er des Betriebs überdrüssig ist oder weil er sich gegenüber anderen Firmen verpflichtet hat, den Betrieb stillzulegen, so liegt kein zwingender Grund für die Stillegung vor. Stürzen jedoch plötzlich die Preise infolge Überangebots, entzieht die Bank dem Unternehmer den Kredit, gehen keine Aufträge mehr ein oder geht ein Hauptkunde in Konkurs oder tritt plötzlich ein schwerwiegender Rohstoffmangel oder Energiemangel auf dem Weltmarkt ein und kann der Unternehmer nachweisen, daß er keine Möglichkeit hatte, zumutbare Gegenmaßnahmen zu treffen, die ihm die Aufrechterhaltung des Betriebes gestatten, so dürften zwingende Gründe anzunehmen sein. Ein zwingender Grund wird nicht vorliegen bei Schädigung der wirtschaftlichen Lage des Betriebes, die der Unternehmer infolge seines Abweichens von dem Interessenausgleich selbst zu vertreten hat, sondern nur, wenn die Lage sich durch Einwirkungen von außen her inzwischen so verändert hat, daß das weitere Befolgen des Interessenausgleichs dem Unternehmer nicht zugemutet werden kann.

5 Entscheidender **Zeitpunkt** für die **Notwendigkeit der Abweichung** ist der der **Durchführung der Maßnahme.** Es kommt also nicht darauf

an, ob sich die wirtschaftliche Entscheidung des Unternehmers nachträglich als sachlich richtig oder falsch erweist (*Dietz-Richardi,* Rdnr. 17).

6 Das **Abweichen von einem Sozialplan** fällt nicht unter § 113. Kündigungen werden aus diesem Grunde nicht erforderlich sein. Im übrigen kann der ArbN seine Rechtsansprüche auf Grund des Sozialplans, der die Wirkungen einer BV hat, unmittelbar im Urteilsverfahren geltend machen (vgl. §§ 112, 112a Rdnr. 41).

3. Unterlassen des Verfahrens auf Interessenausgleich

7 Das Gesetz stellt in Abs. 3 den Fall gleich, daß der Unternehmer das Verfahren nach §§ 111ff. überhaupt nicht, nur teilweise oder verspätet, d. h. nach Einleitung der Betriebsänderung durchführt. Auch der Unternehmer ist verpflichtet, notfalls die E-Stelle zur Erzielung eines Interessenausgleichs anzurufen (*Dietz-Richardi,* Rdnr. 20). Es kommt dabei auf ein **Verschulden** oder eine Vorwerfbarkeit des passiven Verhaltens des Unternehmers **nicht an.** Es genügt ein objektiv betriebsverfassungswidriges Verhalten des Unternehmers (BAG 4. 12. 1979, 29. 11. 1983, AP Nr. 6 zu § 111 BetrVG 72, AP Nr. 10 zu § 113 BetrVG 72). Die Sanktion des Abs. 3 greift auch ein, wenn **an sich zwingende Gründe** für eine Betriebsänderung gegeben sind, das **Verfahren nach §§ 111, 112** aber **nicht eingehalten** wurde (*GK-Fabricius,* Rdnr. 26ff.; *Galperin-Löwisch,* Rdnr. 47f., soweit die Durchführung des Verfahrens nicht „sinnlos" ist; **a.M.** *Kammann-Hess-Schlochauer,* Rdnr. 18, und offenbar auch *Dietz-Richardi,* Rdnr. 22). Abs. 3 verweist nur hinsichtlich der Rechtsfolgen auf Abs. 1, nicht hinsichtlich der Anspruchsvoraussetzungen (BAG 17. 9. 1974, 18. 12. 84, AP Nr. 1, 11 zu § 113 BetrVG 72). Das **BeschFG** hat hier keine Änderungen gebracht.

8 Das gesetzliche, in § 112 Abs. 2 vorgesehene **Verfahren muß voll ausgeschöpft** werden (BAG 18. 12. 84, AP Nr. 11 zu § 113 BetrVG 72; offengelassen für den Konkursfall, wenn die Schließung des Betriebes ohne jede Möglichkeit von Modalitäten unumgänglich ist; BAG 13. 12. 78, AP Nr. 6 zu § 112 BetrVG 72; *Galperin-Löwisch,* Rdnr. 44, der aber Rdnr. 46 keine Initiative des ArbGeb. zur Anrufung der E-Stelle verlangt; *Matthes,* a. a. O.; *Schaub,* § 244 VI 6; **a.M.** LAG Hamm, 21. 7. 1975, DB 75, 1899; *Dolde-Bauer,* BB 78, 1675 und *Stege-Weinspach,* Erg.Bd. Rdnr. 116, 170; *Ehmann,* Betriebsstillegung und Mitbestimmung, S. 61ff. hält nur den Versuch eines Interessenausgleichs spätestens 14 Tage vor der Betriebsänderung für erforderlich). Nur dann entfällt der Nachteilsausgleich (vgl. §§ 112, 112a Rdnr. 7).

9 Der Anspruch besteht auch, wenn der BR mit der Betriebsänderung grundsätzlich unter der Voraussetzung einverstanden ist, daß zugleich auch eine Einigung über den Sozialplan erzielt wird, aber noch nicht erzielt worden ist. Beides steht in einem inneren Zusammenhang. Der BR kann daher seine Zustimmung zur Betriebsänderung von einer ihn befriedigenden Regelung über den Sozialplan abhängig machen (vgl. BAG 22. 1. 70, AP Nr. 7 zu § 72 BetrVG; *Dietz-Richardi,* § 112 Rdnr.

14; *Galperin-Löwisch,* § 112 Anm. 8; **a.M.** *Ehmann,* a.a.O., S. 62), soweit dieser erzwingbar ist (§§ 112, 112a Rdnr. 17, 18).

10 Die Vorschrift gilt **auch für den Konkursverwalter** (BAG 13. 12. 78, AP Nr. 6 zu § 112 BetrVG 72), es sei denn, die sofortige Schließung des Betriebes ist die einzig mögliche und unausweichliche Maßnahme, z. B. wenn sogar die **Konkurseröffnung mangels Masse abgelehnt** wird (BAG 23. 1. 79, AP Nr. 4 zu § 113 BetrVG 72). Näheres vgl. die Erläuterungen zum SozplKonkG § 1Rdnr. 12ff.

4. Entlassungen von Arbeitnehmern

11 § 113 findet auf Entlassungen (Kündigungen) Anwendung, die erforderlich geworden sind, weil der Unternehmer mit seinen Handlungen oder Unterlassungen gegen den Interessenausgleich verstoßen oder Betriebsänderungen ohne versuchten Interessenausgleich vorgenommen hat. Mit der Durchführung der Betriebsänderung muß mindestens begonnen worden sein (*Galperin-Löwisch,* Rdnr. 43; *GK-Fabricius,* Rdnr. 23, BAG 14. 9. 1976, AP Nr. 2 zu § 113 BetrVG 72). Anderenfalls können (bisher) nur Unterrichtungs- und Beratungsrechte des BR verletzt worden sein (Ordnungswidrigkeit nach § 121). Der Ursachenzusammenhang ist vom ArbN verhältnismäßig leicht nachzuweisen, wenn die Meinungsverschiedenheit sich auf eine Betriebsstillegung oder die Stillegung einer wesentlichen Betriebsabteilung (§ 111 Nr. 1) bezog. Bei der Verlegung von Betrieben wird der Ursachenzusammenhang regelmäßig bei Entlassung orstgebundener Arbeitskräfte zu unterstellen sein (Nr. 2 a. a. O.); bei Betriebszusammenschlüssen (Nr. 3 a. a. O.) sind häufig Arbeitskräfte infolge einer Umorganisation entbehrlich. Änderungen der Betriebsorganisation, des Betriebszwecks oder der Betriebsanlagen (Nr. 4 a. a. O.) haben oft die Freisetzung von Arbeitskräften zur Folge, die infolge der Betriebsänderung nicht mehr beschäftigt werden können. Aber auch bei Auftragsschwund, der deshalb eingetreten ist, weil der Absatz der neuen Produkte gegenüber dem der früheren nachläßt (geringere Qualität oder Verkehrsgeltung), können Entlassungen notwendig werden. Bei Einführung grundlegend neuer Arbeitsmethoden und Fertigungsverfahren (Nr. 5 a. a. O.) können ebenfalls Arbeitskräfte frei werden (Rationalisierung). § 113 gilt nicht für Entlassungen, die in Übereinstimmung mit einem Sozialplan erfolgen oder aufgrund eines Widerspruchs des ArbN gegen den Übergang seines Arbeitsverhältnisses gem. § 613a BGB (vgl. § 1 Rdnr. 18, § 111 Rdnr. 12). Unerheblich ist andererseits, ob der ArbN alsbald einen anderen Arbeitsplatz außerhalb des Unternehmens (Konzerns) findet. Auch dann kann er eine Abfindung verlangen.

12 Die Entlassungen müssen durch das Abweichen vom Interessenausgleich bedingt, d.h. nicht etwa im Interessenausgleich oder Sozialplan bereits vorgesehen sein. (*Galperin-Löwisch,* Rdnr. 12). Die ausgesprochenen **Kündigungen** werden regelmäßig rechtswirksam, d. h. bei Geltung des KSchG für die gekündigten ArbN **durch dringende betriebliche Erfordernisse bedingt** sein. (Über Verflechtung von Kündigungs-

schutz u. Stillegung vgl. *Neumann-Duesberg,* ArbuR 69, 33.) Es bedarf aber stets noch einer individuellen Kündigung der einzelnen Arbeitsverhältnisse (BAG 17. 7. 1964, AP Nr. 3 zu § 80 ArbGG; vgl. auch §§ 112, 112a Rdnr. 28). Es kommt für den Anspruch nach § 113 allerdings **nicht** darauf an, ob die ausgesprochene **Kündigung rechtswirksam,** d. h. nach dem KSchG sozial gerechtfertigt ist. Die Tatsache der Entlassung aus betriebsbedingten Gründen und der Verstoß gegen das BetrVG genügen; die Wirksamkeit der Kündigung braucht nicht zuvor in einem besonderen gerichtlichen Verfahren geprüft und festgestellt werden (so auch *Dietz-Richardi,* Rdnr. 28; *GK-Fabricius,* Rdnr. 50; vgl. auch *Rumpff,* S. 302; **a. M.** *Galperin-Löwisch,* Rdnr. 19ff.).

13 Ist die Entlassung nicht betriebsbedingt, so ist die Kündigung nach § 1 Abs. 2 Satz 1 KSchG sozial ungerechtfertigt und unwirksam. Gleiches gilt bei falscher sozialer Auswahl (§ 1 Abs. 3 KSchG). Der ArbN kann zunächst binnen 3 Wochen Klage nach dem KSchG erheben und deren Ergebnis abwarten, und falls er abgewiesen wird, Klage nach § 113 BetrVG erheben. Er kann jedoch auch seine Klagen in der Weise häufen, daß er die **Klage nach § 113 als Hilfsanspruch zusammen mit der Klage nach dem KSchG** geltend macht (diese u. U. in Verbindung mit einem Auflösungs- u. Abfindungsantrag nach § 9 KSchG; vgl. *Hueck,* KSchG, § 9 Rdnr. 44; *Dietz-Richardi,* Rdnr. 35), d. h. beantragen, daß für den Fall, daß das Gericht die Kündigung als rechtswirksam ansieht, also ein Auflösungs- u. Abfindungsantrag nach § 9 KSchG nicht in Betracht kommt, der Unternehmer gem. § 113 zur Zahlung von Abfindungen verurteilt werden möge, da die Kündigung jedenfalls durch ein Abweichen von dem Interessenausgleich bzw. einseitige Durchführung der Betriebsänderung bedingt sei (nach *Galperin-Löwisch,* Rdnr. 35 sollen Ansprüche nach § 113 auch in erster Linie gestellt werden können; dann bleibt aber die Auflösung des Arbeitsverhältnisses ungeklärt, was gerade Voraussetzung für einen Anspruch nach § 113 ist).

14 Der ArbN kann eine **Abfindung nur nach §§ 9, 10 KSchG oder § 113 BetrVG** erhalten. Versäumt es der ArbN, rechtzeitig Klage nach dem KSchG zu erheben, so ist er von vornherein auf den unsicheren Anspruch nach § 113 BetrVG beschränkt, bei dem insbesondere zweifelhaft sein kann, ob der Unternehmer ,,ohne zwingenden Grund" von einem Interessenausgleich abgewichen ist.

15 Hat der ArbGeb. unter Berufung auf dringende betriebliche Erfordernisse gekündigt und erkennt der ArbN an, daß seine Weiterbeschäftigung aus diesen Gründen nicht möglich ist, so scheidet eine Klage nach dem KSchG praktisch aus und es ist unmittelbar auf Grund des § 113 zu klagen. Der ArbGeb. kann dann nicht einwenden, der Abfindungsanspruch entfalle, da die Kündigung in Wahrheit doch nicht begründet gewesen sei (*Auffarth-Müller,* § 7 Rdnr. 30; *Hueck,* KSchG § 9 Rdnr. 47). Das würde gegen Treu und Glauben verstoßen. Zudem gilt die Kündigung nach Ablauf der Frist von drei Wochen als von Anfang an wirksam (§§ 4, 7 KSchG).

16 Hat der ArbGeb. aus Gründen gekündigt, die in der **Person oder dem Verhalten des ArbN** liegen, so muß der ArbGeb. zunächst im Kündigungsschutzverfahren den Beweis führen, daß derartige Gründe gegeben sind. Dringt er mit seiner Behauptung nicht durch, so hat das Gericht festzustellen, daß die Kündigung sozial ungerechtfertigt und somit rechtsunwirksam ist. Ansprüche aus § 113 entstehen daher nicht. Schiebt der ArbGeb. in diesem Verfahren als Kündigungsgrund schon bei Ausspruch der Kündigung vorhandene dringende betriebliche Erfordernisse nach (wegen Zulässigkeit vgl. § 102 Rdnr. 18), so wird der ArbN zweckmäßigerweise für den Fall, daß der ArbGeb. mit diesem Kündigungsgrund durchdringt, zusätzlich den Hilfsantrag nach § 113 stellen.

17 Das **Beteiligungsrecht des BR** bei Kündigungen **gemäß § 102 bleibt unberührt.** § 113 behandelt nur die Rechtsfolgen von Entlassungen, bei denen angenommen wird, daß zwar das personelle, aber nicht das wirtschaftliche MBR gewahrt wurde, insbes. nicht das Verfahren zur Erzielung eines Interessenausgleichs. Der Anspruch nach § 113 besteht auch, wenn das KSchG auf den ArbN nicht anzuwenden ist.

18 Bei **Änderungskündigungen** ist zu unterscheiden: Nimmt der ArbN die Änderungen unter Vorbehalt an, so kommt nur ein Nachteilsausgleich nach Abs. 2 in Frage (vgl. Rdnr. 19; andernfalls hat er einen Abfindungsanspruch, wenn es zur Entlassung kommt (*Dietz-Richardi,* Rdnr. 31f.; *Galperin-Löwisch,* Rdnr. 22).

5. Ausgleich anderer wirtschaftlicher Nachteile

19 § 113 Abs. 2 gibt dem ArbN auch einen Anspruch auf Ausgleich der wirtschaftlichen Nachteile im Arbeitsverhältnis, die eine Betriebsänderung auch bei Verbleiben im Betrieb mit sich bringt, wenn also keine Kündigung mit dem Ziel der Beendigung des Arbeitsverhältnisses (vgl. Rdnr. 18) ausgesprochen wird. Solche Nachteile kommen insbes. bei Versetzungen und Umsetzungen in Betracht, z. B. Lohnausgleich bei geringerem Arbeitsverdienst, erhöhte Fahrtkosten, größerer Verschleiß an Arbeitskleidung usw. (vgl. auch § 111 Rdnr. 8). Ein finanzieller Ausgleich der im Streitfall gleichfalls im **Urteilsverfahren** geltend zu machen ist (vgl. Rdnr. 21–24), wird aber **nur für ein Jahr** vom Beginn des wirtschaftlichen Nachteils an gewährt. Entfällt die Benachteiligung aus irgendwelchen Gründen vor Ablauf eines Jahres, so besteht auch kein Anspruch des ArbN mehr. Andererseits ist stets ein voller finanzieller Ausgleich zu gewähren, dessen Höhe nach § 287 ZPO vom ArbG zu schätzen ist, wenn ein genauer Betrag nicht ermittelt werden kann. Ein Spielraum wie bei der Festsetzung einer Abfindung nach § 10 KSchG besteht aber nicht.

20 Ebenso wie beim Abfindungsanspruch (Rdnr. 26) dürfte es sich beim Anspruch auf Nachteilsausgleich um **Arbeitseinkommen** handeln, das den Pfändungsbeschränkungen der §§ 850ff. ZPO unterliegt, aber im Gegensatz zu den Abfindungen (Rdnr. 27) auch lohnsteuerpflichtig ist (mit Ausnahme von Zahlungen für Fahrtkosten und Umzugskosten, § 3 Nr. 16 EStG). Leistungen des ArbGeb. für doppelte Haushaltsführung unterliegen zwar dem Lohnsteuerabzug; der ArbN kann aber insoweit Werbungskosten geltend machen (§ 9 Abs. 1 Nr. 5 EStG).

6. Abfindungsklage

21 Wird der ArbGeb. infolge Abweichens vom Interessenausgleich ohne zwingenden Grund bzw. in Durchführung einer Betriebsänderung ohne den Versuch eines derartigen Ausgleichs genötigt, Entlassungen vorzunehmen, so können die davon betroffenen ArbN **Klage** bei dem für den Unternehmenssitz zuständigen ArbG auf **Zahlung von Abfindungen** erheben. Es handelt sich um eine normale Leistungsklage, über die im **Urteilsverfahren** entschieden wird. Sofern sie nicht mit einer Kündigungsschutzklage verbunden wird (vgl. Rdnr. 13), ist sie von keiner gesetzlichen Fristwahrung abhängig. Der Klage ist stattzugeben, wenn der ArbN nachweist, daß der Unternehmer von einem Interessenausgleich abgewichen ist, bzw. das Verfahren nicht durchgeführt hat und er deshalb entlassen werden mußte. Die Vorfrage, ob überhaupt eine Betriebsänderung vorliegt, ist im Urteilsverfahren mit zu entscheiden (BAG 18. 3. 1975, AP Nr. 1 zu § 111 BetrVG 72). Die Klage ist durch Sachurteil abzuweisen, wenn der Unternehmer nachweist, daß er aus zwingenden Gründen (vgl. Rdnr. 3) von dem Interessenausgleich abweichen mußte. Ein besonderes BeschlVerf. über die Voraussetzungen des „zwingenden Grundes" findet nicht statt (*Schaub,* § 244 VI 3).

22 Nach Auffassung des BAG (20. 6. 78, 22. 9. 82, 22. 2. 83, 29. 11. 83, 18. 12. 84, AP Nr. 3 zu § 113 BetrVG 72, AP Nr. 42 zu § 1 TVG TV: Bau, AP Nr. 7, 10, 11 zu § 113 BetrVG 72) greifen **tarifliche Verfallklauseln** Platz, weil es sich um einen individualrechtlichen Anspruch des einzelnen ArbN handelt, der nicht erst mit der gerichtlichen Geltendmachung entsteht, sondern bereits mit der Erfüllung der materiell-rechtlichen Voraussetzungen, also der betriebsverfassungswidrigen Durchführung der Betriebsänderung i. V. mit der Beendigung des Arbeitsverhältnisses durch Kündigung des ArbN. Die tarifliche Fälligkeit des Anspruchs tritt auch dann ein, wenn über die Wirksamkeit der Kündigung noch ein Rechtsstreit schwebt (BAG 3. 8. 82, AP Nr. 5 zu § 113 BetrVG 72). Eine Bezifferung des Antrags ist zur Wahrung der tariflichen Ausschlußfristen aber nicht erforderlich (BAG 22. 2. 83, 29. 11. 83, a. a. O.). Führt ein Unternehmer eine Betriebsänderung ohne den Versuch eines Interessenausgleichs oder in Abweichung von einem Interessenausgleich durch und wird danach der **Konkurs** über sein Vermögen eröffnet, so sind die Forderungen nach den Vorschriften der KO anzumelden (vgl. SozplKonkG § 4 Rdnr. 2ff.). Allgemein zu den Ansprüchen auf Nachteilsausgleich im Konkurs des Unternehmens vgl. SozplKonkG § 1 Rdnr. 12ff. Daneben sind im Konkurs tarifliche Ausschlußfristen nicht mehr anzuwenden, sofern sie nicht bereits bei Konkurseröffnung abgelaufen waren (BAG 18. 12. 84 – 1 AZR 588/82 – AP Nr. 88 zu § 4 TVG Ausschlußfristen).

23 Der Klageantrag geht dahin, „den Beklagten zur Zahlung einer Abfindung zu verurteilen, deren Höhe das Gericht gem. § 10 KSchG festsetzt". Der Antrag auf eine bestimmte Abfindungssumme ist entbehrlich (h. M.; BAG 22. 2. 83, AP Nr. 7 zu § 113 BetrVG 72), da sich aus der Anwendung des § 10 KSchG ergibt, daß das ArbG die Abfin-

dung nach freiem gerichtlichen Ermessen im Rahmen des Höchstmaßes und der Richtlinien des Gesetzes festsetzt. Wegen finanzieller Leistungen aus einem Sozialplan vgl. Rdnr. 25.

24 Die **Klageschrift** soll außer den allgemeinen Angaben nach § 253 Abs. 2 bis 3 ZPO folgende Punkte enthalten, die für die Zuerkennung und Höhe einer Abfindung wesentlich sind: Zugang der Kündigung; Zeitpunkt der Auflösung des Arbeitsverhältnisses; Höhe des Monatsverdienstes, der dem ArbN bei regelmäßiger, betriebsüblicher Arbeitszeit in dem Monat, in dem das Arbeitsverhältnis endet, an Geld und Sachbezügen zusteht; Dauer der Beschäftigung im Betrieb und Angaben über die wirtschaftliche Lage des ArbN. Ferner sollen Datum und Inhalt eines Interessenausgleichs angegeben werden. Es ist darzutun, inwieweit der Unternehmer hiervon abgewichen und aus welchen Gründen die Abweichung für die Kündigung ursächlich ist.

25 Wegen der **Höhe** der Abfindung verweist die Vorschrift auf **§ 10 KSchG** (Text Anhang 5). Diese Abfindungen sind wegen des Sanktionscharakters des § 113 grundsätzlich **unabhängig von** evtl. finanziellen **Leistungen aufgrund eines Sozialplans** (vgl. auch §§ 112, 112a Rdnr. 16; *Gnade-Kehrmann-Schneider-Blanke,* Rdnr. 8; *Galperin-Löwisch,* Rdnr. 27; **a. M.** BAG 13. 12. 78, 3. 8. 82, 18. 12. 84, AP Nr. 6 zu § 112 BetrVG 72, AP Nr. 5, 11 zu § 113 BetrVG 72, nach dem diese Abfindungen in Höhe des Nachteilsausgleichs an die Stelle einer Sozialplanabfindung für den Verlust des Arbeitsplatzes treten, zustimmend *Stege-Weinspach,* Erg.Bd. Rdnr. 17; *Dietz-Richardi,* § 112 Rdnr. 142: Es besteht Anspruchskonkurrenz mit gegenseitiger Anrechnung; *Dolde-Bauer,* DB 78, 1675 und *Ehmann* a. a. O., S. 74ff.: Anspruch auf Nachteilsausgleich ist subsidiär; für eine Klage aus § 113 soll sogar das Rechtsschutzbedürfnis fehlen, wenn die Aufstellung eines Sozialplanes noch möglich erscheint; nach *Reuter-Körnig,* AktG 78, 325 darf die Gesamtbelastung den Rahmen des § 113 Abs. 3 nicht überschreiten). Sozialplanleistungen können allerdings bei der Festsetzung der Höhe der Abfindung eine Rolle spielen. Umgekehrt kann ein nachträglich aufgestellter Sozialplan bei der etwaigen Festlegung von Geldleistungen in Rechnung stellen, daß ArbN schon Abfindungen nach § 113 erstritten haben. Der Anspruch entfällt aber nicht etwa deshalb weil ein Sozialplan noch nachträglich zustandekommt (BAG 14. 9. 76, AP Nr. 2 zu § 113 BetrVG 72). Das ArbG kann bei der Festsetzung auch den ideellen Nachteil berücksichtigen, der mit dem Verlust einer langjährigen Betriebszugehörigkeit verbunden ist (BAG 29. 2. 1972, AP Nr. 9 zu § 72 BetrVG), ebenso wegen des Sanktionscharakters auch den Grad der Zuwiderhandlung des ArbGeb. (*Schäfer,* ArbuR 82, 120).

26 Die **Abfindungen** nach § 113 und aus einem Sozialplan sind rechtlich, insbes. steuerrechtlich, sozialversicherungsrechtlich, pfändungsrechtlich u. dgl. **ebenso zu beurteilen wie die Abfindungen nach § 10 KSchG,** da sie wie diese eine Belastung sind, die dem ArbGeb. mit Rücksicht auf ein bestimmtes Verhalten auferlegt und mit denen gleichzeitig dem ArbN ein gewisser Ausgleich für den Verlust des Arbeitsplatzes gewährt wird. Die Abfindungen sind pfändungsrechtlich zwar ,,Arbeitseinkommen" im weiten Sinne des § 850 Abs. 2, Abs. 4 ZPO aber nur **beschränkt pfändbar.** Sie unterliegen zwar nicht den Pfändungsbeschränkungen nach § 850c oder o ZPO, wohl aber nach § 850i ZPO, wobei allerdings ein Antrag an das Vollstreckungsgericht erforderlich ist (vgl. zu Abfindungen nach § 10 KSchG BAG 12. 9. 79, AP Nr. 10 zu § 850 ZPO; ebenso OLG Düsseldorf, DB 80, 112; *Dietz-Richardi,* § 112 Rdnr. 134, § 113 Rdnr. 50; *Galperin-Löwisch,* § 112 Rdnr. 62, § 113 Rdnr. 40). Sie sind auch abtretbar und **vererblich,** sofern ein ArbN **nach** dem maßgebenden Zeitpunkt (vgl. §§ 112, 112a Rdnr. 21) infolge Ablebens aus dem Betrieb ausscheidet, selbst wenn der Anspruch noch nicht fällig war. Es handelt sich nicht um einen höchstpersönlichen Anspruch (vgl. LAG Frankfurt, 1. 6. 84, DB 85, 870; zu Abfindungsansprüchen nach § 9, § 10 KSchG vgl. BAG 16. 10. 69, AP Nr. 20 zu § 794 ZPO; einschr. *Stege/Weinspach,* Erg.Bd. Rdnr. 94).

27 **Steuerrechtlich** werden alle Abfindungen wegen einer vom ArbGeb. veranlaßten oder gerichtlich ausgesprochenen Auflösung des Arbeitsverhältnisses, sowie Zahlungen aufgrund eines Sozialplanes, soweit sie 24000,– DM, bei höherem Lebensalter und längerer Betriebszugehörigkeit bis zu 36000,– DM nicht übersteigen, gleichbehandelt. Sie sind steuerfrei (§ 3 Nr. 9 EStG; vgl. auch Abschnitt 4 der Lohnsteuerrichtlinien). Nur darüber hinausgehende Beträge sind steuerpflichtig. Im Rahmen der Höchstgrenzen sind Abfindungen auch dann steuerfrei, wenn sie Lohnbestandteile (auch zusätzliche Leistungen, enthalten, z. B. bei vertraglicher Auflösung des Arbeitsverhältnisses zu einem bestimmten Zeitpunkt vor Ablauf der ordentlichen Kündigungsfrist (BFH-Urteil vom 11. 1. 80, BB 80, 667).

Beispiel:

Beendigung des Arbeitsverhältnisses schon zum 30. 9. statt 31. 12. und Zahlung einer Abfindung von 10000,– DM plus 3 Monatsgehälter von je 3000,– DM; steuerfrei ist der Gesamtbetrag von 19000,– DM.

Auf die Form der Auflösung des Arbeitsverhältnisses kommt es nicht an (vgl. BFH Urteile vom 6. 10. u. 13. 10. 78, DB 79, 726, 481). Die Finanzverwaltung folgt dem BFH-Urteil vom 13. 10. 78 zu § 3 Nr. 9 EStG i. d. F. ab 1975 (Rundschreiben BMF 28. 2. 79, DB 79, 625 = BStBl 79, 144). Zur steuerlichen Behandlung von Abfindungen vgl. *Tombers-Sauter,* DB 80, 209.

Wegen **steuerlich anerkannter Rückstellungen für Sozialpläne** als ungewisse Verbindlichkeit (§ 152 Abs. 7 AktG) vgl. Erlaß BMF vom 2. 5. 1977, BB 77, 682 = DB 77, 889 u. *Elsner,* BB 83, 1169.

28 Sollten die Entlassungen unter Nichteinhaltung der ordentlichen Kündigungsfrist erfolgt sein, insbesondere durch außerordentliche Kündigungen, so können in der gerichtlich zuzusprechenden Abfindung Lohnteile enthalten sein, die gemäß § 117 Abs. 2 AFG in den Grenzen des § 117 Abs. 3 a. a. O. zum Ruhen des **Arbeitslosengeldes** führen (vgl. §§ 112, 112a Rdnr. 30).

II. Gesetz über den Sozialplan im Konkurs- und Vergleichsverfahren

Vom 20. Februar 1985 (BGBl. I 369)

§ 1 (Anwendungsbereich)

Für die Behandlung eines Sozialplans (§ 112 des Betriebsverfassungsgesetzes) in dem Konkurs- oder Vergleichsverfahren über das Vermögen des Unternehmers gelten als besondere Vorschriften die §§ 2 bis 5.

Inhaltsübersicht

1. Entstehungsgeschichte und Ziel des Gesetzes

1 Die Entstehungsgeschichte gibt Aufschluß über den **Zweck** des Gesetzes. Die konkursrechtliche Behandlung von Ansprüchen der ArbN aus Sozialplänen (§ 112 BetrVG) ist in der KO nicht ausdrücklich geregelt. Das BAG (Großer Senat) hatte 1978 (13. 12. 78, AP Nr. 6 zu § 112 BetrVG) entschieden, daß Ansprüche aus einem Sozialplan auf Abfindung für den Verlust des Arbeitsplatzes bevorrechtigte Konkursforderungen sind; sie hatten nach dieser Entscheidung den Rang vor den Ansprüchen des § 61 Abs. 1 Nr. 1 KO (sog. Rang „null“). Das BAG hatte es abgelehnt, Abfindungen für den Verlust des Arbeitsplatzes (Existenzgrundlage des ArbN) nur unter „alle übrigen Konkursforderungen“ (§ 61 Abs. 1 Nr. 6 KO) einzuordnen. Eine solche Einordnung hätte die durch das BetrVG begründeten Abfindungen in einem wichtigen Anwendungsfall praktisch wertlos gemacht. Die Deckungsquote für nichtbevorrechtigte Konkursforderungen betrug 1975 in allen erfaßten Konkursverfahren nur 2,3% (Stat. Jahrbuch für die Bundesrepublik Deutschland, 1975, S. 131). Heute beträgt die Quote im Durchschnitt 3–5%. (Vgl. Stat. Bundesamt, Wirtschaft und Statistik 1984, S. 589ff.).

Das BVerfG hat durch Beschluß vom 19. 10. 83 (BVerfGE 65, 182) diese Entscheidung aufgehoben mit der Begründung, die Einordnung von Sozialplanansprüchen in eine durch Richterrecht im Wege der Rechtsfortbildung geschaffene Rangstelle vor Nr. 1 des § 61 Abs. 1 KO sei mit der Bindung der Rechtsprechung an Gesetz und Recht (Art. 20 Abs. 3 GG) nicht vereinbar.

Das BAG mußte daraus die Konsequenz ziehen: Da Forderungen aus einem Sozialplan unter den Vorrechten des § 61 Abs. 1 KO nicht aufgeführt sind, blieb nur der Rang nach § 61 Abs. 1 Nr. 6 KO (BAG 30. 4. 84, AP Nr. 23 zu § 112 BetrVG 72).

2 Diese Einordnung entspricht nicht der sozialen Bedeutung dieser Forderungen. Bereits im Mai 1983 – vor dem Beschluß des BVerfG – hatte die Bundestagsfraktion der SPD für Ansprüche aus einem Sozialplan nach § 112 und auf Nachteilsausgleich nach § 113 Abs. 3 BetrVG den Rang von § 61 Abs. 1 Nr. 1 KO vorgeschlagen; die bisherigen Nr. 1 bis 6 sollten Nr. 2 bis 7 werden (BT-Drucks. 10/81, abgedruckt in RdA 83, 243). Die Rechtsprechung des BAG sollte durch ein förmliches Gesetz abgesichert werden.

Nach dem Beschluß des BVerfG hat die Bundesregierung einen Entwurf vorgelegt, der jetzt im wesentlichen Gesetz geworden ist. Danach werden Sozialpläne, die in einem Konkursverfahren aufgestellt werden, und Sozialpläne, die im unmittelbaren Vorfeld eines Konkurs- oder Vergleichsverfahrens zustandekommen, gleichbehandelt. Diese Ansprüche genießen im Konkurs des Unternehmers das **Vorrecht nach § 61 Abs. 1 Nr. 1 KO.** Das gleiche Vorrecht genießen z. B. Forderungen auf rückständiges Arbeitsentgelt für das letzte Jahr vor Eröffnung des Konkursverfahrens. Diese ArbN konnten im Durchschnitt mit einer Quote von 42% rechnen (vgl. Gessner/Rhode/Strate/Ziegert, Die Praxis der Konkursabwicklung in der Bundesrepublik Deutschland, 1978, S. 163, 164). Allerdings sieht das Gesetz zugleich eine Begrenzung der Ansprüche im Interesse der übrigen am Konkursverfahren beteiligten Gläubiger vor (§§ 2 bis 4).

3 Das Gesetz ist als **Zwischenlösung** gedacht. Seine Regelungen sollen durch die **Gesamtreform** des Insolvenzrechts abgelöst werden (ein erster Bericht der Insolvenzrechtskommission wurde dem BMJ am 12. 12. 84 übergeben; zum Stand dieser Reform vgl. Uhlenbruck, BB 84, 1949; ZZP 97, 369). Im Rahmen der geplanten vollständigen Reform des Insolvenzrechts soll auch die Behandlung von Sozialplanansprüchen neu geregelt werden. Das Gesetz soll daher am 31. Dez. 1988 außer Kraft treten (§ 8 Satz 2); das neue Insolvenzrecht soll am 1. Jan. 1989 in Kraft treten.

4 Das Gesetz enthält **Übergangsregelungen** (§ 6). Es ist mit Abweichungen immer dann anzuwenden, wenn das Konkurs- oder Vergleichsverfahren beim Inkrafttreten des Gesetzes noch anhängig ist. Das Gesetz ist am 27. Febr. 1985 verkündet worden (BGBl. I 369); es ist am 28. Febr. 1985 in Kraft getreten (§ 8 Satz 1).

5 Gegenüber der Rechtslage, wie sie sich aus dem Beschluß des BVerfG (19. 10. 83, BVerfGE 65, 182) und dem Urteil des BAG vom 30. 4. 84 (AP Nr. 23 zu § 112 BetrVG 72) ergab, ist das Gesetz aus der Sicht der ArbN ein Fortschritt. Ihre Ansprüche aus Sozialplänen haben einen angemessenen Rang. Gegenüber der Rechtslage, wie sie sich aus dem Beschluß des Großen Senats des BAG vom 13. 12. 78 (AP Nr. 6 zu § 112 BetrVG) ergab, sind die ArbN schlechter gestellt, weil Sozialplanansprüche in der Höhe begrenzt werden. Aus der Sicht der Unternehmer belastet die als Zwischenlösung gedachte Regelung die Gesamtreform des Insolvenzrechts, weil Besitzstände und Erwartungen geschaffen werden, die nur schwer abzubauen sind.

6 Das Gesetz begründet für Sozialplanansprüche ein Vorrecht (§ 4

Satz 1), begrenzt aber in mehrfacher Hinsicht die Entstehung und Durchsetzung dieser Ansprüche (§§ 2 und 3 sowie § 4 Satz 2). Damit will der Gesetzgeber Rücksicht nehmen auf die Interessen anderer Konkursgläubiger. Doch sind genaue empirische Daten schwer zu ermitteln (vgl. Gessner/Plett, Der Sozialplan im Konkursunternehmen, 1982; Plett, ZIP 82, 905: Die ArbN-Forderungen – einschließl. Sozialplanforderungen – sind nicht so hoch, als daß sie die Ziele des Insolvenzverfahrens in Frage stellen und die Zahl der masselosen Insolvenzen verringern könnten; weiteres Material bei Doehring, KTS 83, 369 und bei Gessner/Rohde/Strate/Ziegert, Die Praxis der Konkursabwicklung in der Bundesrepublik Deutschland, hrsg. vom BMJ; vgl. außerdem die Thesen des 54. Deutschen Juristentages betr. die Insolvenzrechtsreform, dazu Hanau, KTS 82, 625; kritisch zum früheren Recht Grub, ZIP 83, 873). Zum Gesetzgebungsvorschlag vgl. Gaul, BB 83, 1363; Holzamer, AnwBl 84, 483; Weitnauer, SAE 84, 321; zum neuen Gesetz vgl. Düttmann/Kehrmann/Muff, AiB 85, 35; Hess, NZA 85, 205; Balz, DB 85, 689; Uhlenbruck, NJW 85, 712; Otto, ZfA 85, 71).

2. Das Betriebsverfassungsrecht im Konkurs des Unternehmers

7 Das Gesetz stellt erstmals mit aller Deutlichkeit klar, daß das **BetrVG im Konkurs des Unternehmers** (ArbGeb.) **uneingeschränkt gilt** (vgl. Hess, NZA 1985, 206; ders. ZIP 1985, 334; Balz, DB 85, 690). Es sieht besondere Vorschriften für die Behandlung eines Sozialplanes (§ 112 BetrVG) im Konkurs- oder Vergleichsverfahren des Unternehmers vor. Es setzt damit die Anwendung des BetrVG im Konkurs des Unternehmers voraus.

Nach der Konkurseröffnung (§ 108 KO) rückt der Konkursverwalter in den gesamten Pflichtenkreis des ArbGeb. ein (§ 6 KO). Alle **Betriebsänderungen** im Sinne von § 111 BetrVG (vgl. Heither, ZIP 85, 513) lösen Mitwirkungs- und Mitbestimmungsrechte des BR aus. Das gilt insbesondere für Betriebsstillegungen, aber auch für andere Betriebsänderungen (vgl. § 111 Rdnr. 17ff.). Der Konkursverwalter hat aber auch Mitwirkungs- und Mitbestimmungsrechte des BR bei **personellen Einzelmaßnahmen** (§§ 99ff. BetrVG) zu beachten. Er ist an das KSchG gebunden, auch wenn er den Betrieb sofort stillegt und ihn nicht einmal für beschränkte Zeit ganz oder teilweise weiterführt (BAG 16. 9. 82, AP Nr. 4 zu § 22 KO). Bei zeitlich gestaffelten Entlassungen hat er die Grundsätze der sozialen Auswahl zu beachten (BAG, aaO).

8 Das Gesetz übernimmt insoweit die Rechtsprechung des BAG (13. 12. 78, AP Nr. 6 zu § 112 BetrVG). Die soziale Verantwortung des ArbGeb. gegenüber den ArbN kann nicht mit der Konkurseröffnung enden. Soweit das Gesetz keine besonderen Vorschriften enthält, gilt daher das BetrVG. Das Mitbestimmungsrecht des BR bei Betriebsänderungen läßt sich mit dem Konkursverfahren vereinbaren. Der Konkursverwalter hat den BR über geplante Betriebsänderungen rechtzeitig und umfassend zu **unterrichten** (vgl. § 111 Rdnr. 35ff.). Das gilt auch für eine von der Gläubigerversammlung oder dem Gläubigerausschuß (§ 129 Abs. 2

Satz 2 KO) verfügte Betriebsstillegung. Weiter hat der Konkursverwalter zu versuchen, mit dem BR zu einem **Interessenausgleich** zu gelangen, gegebenenfalls muß er die E-Stelle anrufen (§ 112 Abs. 1 bis 3 BetrVG, vgl. dort Rdnr. 5ff.). Die Einschaltung des BR ist bei einer konkursbedingten Stillegung oder Einschränkung des Betriebs in besonderem Maße geboten. Zum einen sind die Arbeitsplätze und damit das soziale Schicksal der Belegschaft aufs äußerste gefährdet, zum anderen ist der Konkursverwalter meist ein Außenstehender, der auf Unterstützung des BR angewiesen ist (vgl. BAG 13. 12. 78, AP Nr. 6 zu § 112 BetrVG, einschränkend, aber noch ohne das neue Gesetz zu berücksichtigen, Böhle-Stammschräder/Kilger, KO, 13. Aufl., § 6 Anm. 15c mit weit. Nachweis.).

Auch der **Sozialplan** und die Sozialplanabfindung für den Verlust des Arbeitsplatzes haben im Konkurs des ArbGeb. ihren Platz. Ihr Zweck, den ArbN für den Verlust des Arbeitsplatzes zu entschädigen und für die Zeit nach der Betriebsänderung Vorsorge zu treffen (vgl. §§ 112, 112a Rdnr. 19) fordern die uneingeschränkte Anwendung im Konkurs.

9 Der Konkursverwalter ist kraft gesetzlicher Verpflichtung das für den Gemeinschuldner handelnde Organ. Er ist jedoch nach der KO verpflichtet, vor der Vereinbarung eines Sozialplans die Genehmigung des Gläubigerausschusses einzuholen (entspr. Anwendung von § 133 Nr. 2 KO; vgl. BAG 13. 12. 78, AP Nr. 6 zu § 112 BetrVG). Die Gläubigerversammlung hat es in der Hand, einen Gläubigerausschuß zu bestellen (§ 87 Abs. 2 KO) und damit die Genehmigungspflicht herbeizuführen. Ebenso kann das Konkursgericht von Amts wegen einen Gläubigerausschuß bestellen. ArbN, die Gläubiger sind, können an der Gläubigerversammlung teilnehmen und in den Gläubigerausschuß gewählt oder berufen werden.

10 Kommt eine Einigung über den Sozialplan zwischen Konkursverwalter und BR nicht zustande, können der BR oder der Konkursverwalter die **E-Stelle** anrufen. Diese beschließt dann den Sozialplan (zum Verfahren vgl. §§ 112, 112a Rdnr. 32ff.). Im E-Stellenverfahren ist der Konkursverwalter Beteiligter. Er ist verpflichtet, als **Beisitzer für die E-Stelle auch Konkursgläubiger** oder deren Vertreter zu benennen (BAG 13. 12. 78, AP Nr. 6 zu § 112 BetrVG). Ein Spruch der E-Stelle, der ohne Beteiligung von Konkursgläubigern zustande gekommen ist, beruhte nach altem Recht auf einem Rechtsfehler (vgl. BAG, a. a. O.). Heute dürfte es ausreichen, daß ein Vertreter des Gläubigerausschusses von der E-Stelle angehört wird, da das neue Gesetz die Interessen der übrigen Konkursgläubiger durch eine eingehende Regelung ausreichend schützt.

11 Im Konkursfall müssen die Interessen der übrigen Gläubiger bei der Aufstellung des Sozialplans berücksichtigt werden. Das ergab sich bisher aus einer entsprechenden Anwendung des § 112 Abs. 4 BetrVG. Jetzt enthält das Gesetz in § 2 eine spezielle Regelung. Insoweit tritt das allgemeine Betriebsverfassungsrecht hinter diese Sondervorschrift zurück.

3. Der Anspruch auf Nachteilsausgleich (§ 113 BetrVG) im Konkurs

12 Das Gesetz enthält keine besonderen Vorschriften über den Nachteilsausgleich (§ 113 BetrVG). Auch insoweit gelten deshalb allgemeines Betriebsverfassungsrecht und allgemeines Konkursrecht (vgl. Balz, DB 85, 690). Das **BetrVG** bestimmt, ob und unter welchen **Voraussetzungen** ein Abfindungsanspruch entsteht (zu den Voraussetzungen vgl. § 113 Rdnr. 3 u. 7ff.). Für die Prüfung, ob der Anspruch entstanden ist, ist es gleichgültig, ob der Unternehmer selbst oder der Konkursverwalter die Tatbestände geschaffen haben, die den Anspruch auslösen. Diese Unterscheidung ist erst für die **konkursrechtliche Behandlung** dieser Ansprüche von Bedeutung. Das **Konkursrecht** entscheidet, wie dieser Anspruch im Konkurs des Unternehmers (ArbGeb.) abgewickelt wird.

Nach Auffassung des BAG (13. 12. 78, AP Nr. 6 zu § 112 BetrVG) sollten Ansprüche auf Nachteilsausgleich (§ 113 Abs. 3 BetrVG) konkursrechtlich so behandelt werden wie Ansprüche aus den vereinbarten oder beschlossenen Sozialplänen: mit gleichem Vorrecht. Diese Gleichbehandlung ist jetzt nicht mehr möglich. Der Gesetzgeber hat besondere Vorschriften nur für Sozialpläne erlassen; er hält an der Gleichbehandlung von Sozialplanansprüchen und Forderungen auf Nachteilsausgleich nicht mehr fest. Das wird durch die Begründung des Gesetz-Entwurfs (Teil B § 1) ausdrücklich bestätigt. Dort heißt es: „Auf den Nachteilsausgleich lassen sich die allgemeinen konkursrechtlichen Vorschriften, insbesondere §§ 3 und 59 Abs. 1 Nr. 1 der Konkursordnung anwenden". Der Anspruch auf Nachteilsausgleich hat andere Voraussetzungen als ein Anspruch aus einem Sozialplan; mit § 113 BetrVG verfolgt der Gesetzgeber auch einen anderen Zweck.

13 Der Hinweis auf die §§ 3 und 59 Abs. 1 Nr. 1 KO verlangt eine **Unterscheidung** danach, ob der Anspruch auf Nachteilsausgleich **vor oder nach Konkurseröffnung** entstanden ist (zutreffend Düttmann/Kehrmann/Muff, AiB 1985, 35). Ist der Anspruch **vor** Konkurseröffnung entstanden, ist der ArbN Konkursgläubiger (§ 3 Abs. 1 KO). Sein Anspruch muß als Konkursforderung berichtigt werden. Chancen auf Berichtigung haben meist nur die Gläubiger, die ein Vorrecht in Anspruch nehmen können. Forderungen, für die ein Gläubiger das Vorrecht in Anspruch nehmen kann, sind jedoch abschließend aufgezählt. Ansprüche auf Nachteilsausgleich fallen nicht darunter; sie werden daher **ohne Vorrecht** (§ 61 Abs. 1 Nr. 6 KO) berichtigt; wenn überhaupt, dann werden sie nur zu einem geringen Prozentsatz befriedigt.

14 Ist der Anspruch erst **nach** Konkurseröffnung entstanden, ist die Forderung **Masseforderung** im Sinne von § 59 Abs. 1 Nr. 1 KO (BAG 9. 7. 85 – 1 AZR 323/83). Der ArbN kann vom Konkursverwalter verlangen, daß seine Forderung vorweg aus der Konkursmasse berichtigt wird (§ 57 KO). Er kann daher vom Konkursverwalter Zahlung verlangen; mit seiner Forderung nimmt er nicht an der Verteilung der Konkursmasse teil. Er steht also besser da als der ArbN, der eine Abfindung aus einem Sozialplan verlangen kann (§ 4).

15 Damit entscheidet über die konkursrechtliche Behandlung dieser Ansprüche der **Zeitpunkt,** in dem diese Ansprüche **entstehen** (vgl. dazu § 113 Rdnr. 12). Nach **§ 113 Abs. 1** BetrVG entsteht ein Anspruch auf Nachteilsausgleich, wenn der Unternehmer abweichend von einem Interessenausgleich einen ArbN entläßt. An die Stelle des ArbGeb tritt der Konkursverwalter. Hält er sich nicht an einen zuvor mit dem ArbGeb (Gemeinschuldner) oder mit ihm selbst vereinbarten Interessenausgleich und führt das zu einer Entlassung des ArbN, wird eine **Masseschuld** begründet (vgl. Hess, NZA 1985, 205; Balz, DB 85, 690). Maßgebend für die Entstehung des Anspruchs ist der Zeitpunkt, in dem dem ArbN die Kündigung zugeht.

16 Nach **§ 113 Abs. 3** BetrVG entsteht der Anspruch auf Nachteilsausgleich auch dann, wenn der ArbGeb einen ArbN entläßt, ohne einen Interessenausgleich versucht zu haben. Vor einer Entlassung muß der Unternehmer das Verfahren vollständig ausschöpfen (BAG 18. 12. 84, AP Nr. 11 zu § 113 BetrVG 72; vgl. auch § 113 Rdnr. 8). Diese Verpflichtung trifft auch den Konkursverwalter. Maßgebend ist wiederum der **Zeitpunkt,** in dem einem betroffenen ArbN die **Kündigung zugeht.** Das muß im Interesse der Rechtssicherheit selbst dann gelten, wenn die Konkurseröffnung in den Zeitraum zwischen Absenden des Kündigungsschreibens und Zugang beim ArbN fällt. Geht die Kündigung nach Konkurseröffnung zu, entsteht eine Masseforderung.

17 Für ArbN, die vom ArbGeb (Unternehmer) vor Konkurseröffnung entlassen wurden (Zeitpunkt des Zugangs der Kündigungen) und Ansprüche auf Nachteilsausgleich erworben haben, kann **nachträglich** ein **Sozialplan** aufgestellt werden. Der Konkursverwalter ist – ebenso wie der Unternehmer – verpflichtet, auch nach Durchführung einer Betriebsänderung einen Sozialplan aufzustellen (BAG 18. 12. 84, AP Nr. 11 zu § 113 BetrVG 72). Weigert er sich, über einen Sozialplan zu verhandeln, kann der BR die E-Stelle anrufen. Der nach Konkurseröffnung mit dem Konkursverwalter vereinbarte oder in der E-Stelle beschlossene Sozialplan begründet Ansprüche für die betroffenen ArbN, die nach § 4 dieses Gesetzes, d. h. mit dem Vorrecht des § 61 Abs. 1 Nr. 1 KO zu berichtigen sind. Für die Aufstellung eines solchen Sozialplans nach durchgeführter Betriebsänderung hat der BR ein Restmandat (vgl. §§ 112, 112a Rdnr. 40). Auch insoweit gilt allgemeines Betriebsverfassungsrecht.

4. Das Gesetz ist verfassungsgemäß

18 Der Beschluß des BVerfG vom 19. 10. 83 (BVerfGE 65, 182) enthält keine Handlungsanweisungen oder Vorgaben für den Gesetzgeber. Zwar bildet jedes Konkursvorrecht eine Ausnahme vom Gebot der Gleichbehandlung aller Konkursgläubiger. Verfassungsrechtlich ist jedoch eine Differenzierung des Gesetzgebers und damit eine Bevorzugung der Sozialplangläubiger zulässig. Diese Bevorzugung beruht auf sachgerechten Erwägungen und ist nicht willkürlich (zum Willkürverbot des Art. 3 Abs. 1 GG vgl. BVerfGE 47, 239, 249). Die soziale Bedeutung dieser Ansprüche rechtfertigt das Vorrecht. Umgekehrt wird das Sozialstaatsprinzip (Art. 20 GG) nicht dadurch verletzt, daß das Volumen des Sozialplans begrenzt (§§ 2, 3) und bei der Verteilung der Masse auf die Interessen der übrigen Gläubiger Rücksicht genommen wird (§ 4 Satz 2).

19 Der Gesetzgeber handelt nicht willkürlich, wenn er Ansprüche auf Nachteilsausgleich im Konkurs des Unternehmens anders behandelt als Forderungen aus einem Sozialplan. Ansprüche aus § 113 BetrVG haben Sanktionscharakter (vgl. §§ 112, 112a Rdnr. 7). Die dadurch begründete Forderung sollte an sich den gleichen Rang haben wie eine Sozialplanforderung. Doch ist eine Gleichbehandlung dieser Ansprüche, die der einzelne ArbN verfolgen muß und bei denen eine Beschränkung des Gesamtvolumens ausscheidet, nicht möglich. Es kommt hinzu, daß die dadurch einem einzelnen ArbN drohenden Nachteile durch die nachträgliche Aufstellung eines Sozialplans „repariert" werden können (s. o. Rdnr. 17).

20 Für die unterschiedliche Behandlung der Sozialplanansprüche je nach dem Zeitpunkt, in dem der Sozialplan aufgestellt wurde (drei Monate vor Antrag auf Eröffnung des Konkursverfahrens oder früher), gibt es Gründe. Mit der Dreimonatsfrist (§ 3) stellt der Gesetzgeber auf den Eintritt des materiellen Konkurses ab. Zudem besteht auch hier unter Umständen die Möglichkeit, nachträglich einen Sozialplan aufzustellen (vgl. § 3 Rdnr. 18).

21 Die Unterscheidung zwischen ArbN, die Gläubiger eines Sozialplananspruchs werden können, und den ArbN, die in Kleinbetrieben beschäftigt sind, für die das BetrVG die Aufstellung eines Sozialplans nicht vorsieht (vgl. § 111 Rdnr. 4), bleibt bestehen. Das Gesetz folgt insoweit nur der betriebsverfassungsrechtlichen Differenzierung. Das MBR des BR ist in Kleinbetrieben eingeschränkt (vgl. z. B. § 99 Abs. 1 Satz 1 und § 111 Satz 1). Einerseits soll der ArbGeb (Unternehmer) in Kleinbetrieben nicht mit MBR des BR belastet werden. Andererseits ist diese unterschiedliche Behandlung mit den unterschiedlich hohen Belastungen des Arbeitsmarktes bei Massenentlassungen in Mittel- und Großbetrieben einerseits und Kleinbetrieben andererseits zu rechtfertigen. Im ersten Fall sind die Arbeitsmarktchancen der betroffenen ArbN deutlich geringer als im zweiten Fall.

§ 2 (Sozialplan nach Konkurseröffnung)

In einem Sozialplan, der nach der Eröffnung des Konkursverfahrens aufgestellt wird, kann für den Ausgleich oder die Milderung der wirtschaftlichen Nachteile, die den Arbeitnehmern infolge der geplanten Betriebsänderung entstehen, ein Gesamtbetrag bis zu zweieinhalb Monatsverdiensten (§ 10 Abs. 3 des Kündigungsschutzgesetzes) der von einer Entlassung betroffenen Arbeitnehmer vorgesehen werden.

Inhaltsübersicht

1. Vorbemerkung

1 Die Vorschrift ist eine materiell-rechtliche betriebsverfassungsrechtliche Norm. Sie hat folgenden betriebsverfassungsrechtlichen Hintergrund:

Der BR hat ein **erzwingbares Mitbestimmungsrecht** auf Aufstellung eines **Sozialplans,** und zwar unabhängig davon, ob der Konkursverwalter eine Betriebsänderung im Sinne von § 111 BetrVG aufgrund eines Interessenausgleichs mit dem BR oder ohne eine solche Einigung durchgeführt hat (BAG 15. 10. 79, AP Nr. 5 zu § 111 BetrVG, vgl. auch § 112, 112a Rdnr. 16).

Das **Verfahren** zur Aufstellung eines Sozialplans ist dasselbe wie außerhalb des Konkursverfahrens. An die Stelle des früheren ArbGeb (Gemeinschuldners) tritt der Konkursverwalter (vgl. § 1 Rdnr. 7ff.). Danach kann der Sozialplan zwischen Konkursverwalter und BR vereinbart werden. Kommt eine Einigung nicht zustande, entscheidet die E-Stelle (zum Verfahren allgemein vgl. §§ 112, 112a Rdnr. 32ff.).

2 Hier greift § 2 als Sonderregelung ein. Er setzt rechtliche Grenzen für das Volumen eines Sozialplans. Diese rechtlichen Grenzen bestehen sowohl für den Fall, daß der Sozialplan vereinbart wird als auch für den Fall, daß er durch Spruch der E-Stelle beschlossen wird.

Andererseits ist der Sozialplan kein Sanierungszwangsvergleich (vgl. Galperin/Löwisch, § 112 Rdnr. 37). Rückständige Lohnforderungen dürfen nicht angetastet werden. Auch Lohnkürzungen für die Zukunft sind nicht zulässig (vgl. zu den allgemeinen Grenzen des Sozialplans §§ 112, 112a Rdnr. 21–26).

2. Maßgebender Zeitpunkt

3 Das Gesetz unterscheidet zwischen Sozialplänen, die vor Konkurseröffnung aufgestellt werden (§ 3) und Sozialplänen, die nach Konkurseröffnung aufgestellt werden (§ 2). Maßgebend ist also der **Zeitpunkt der Konkurseröffnung.**

4 Das Konkursverfahren wird nur auf Antrag eröffnet (§ 103 Abs. 1 KO). Antragsberechtigt sind der – spätere – Gemeinschuldner, jeder Konkursgläubiger und die in § 59 Abs. 1 Nr. 3 genannten Massegläubiger (z. B. ArbN wegen rückständiger Löhne für die letzten sechs Monate vor der Eröffnung des Verfahrens). Dieser Antrag wird vom Konkursgericht (Amtsgericht, bei welchem der Gemeinschuldner seine gewerbliche Niederlassung oder, wenn diese fehlt, seinen allgemeinen Gerichtsstand hat, § 71 KO) geprüft. Das kann längere Zeit in Anspruch nehmen. Das Konkursgericht kann deshalb für den Zeitraum bis zur Eröffnung des Konkursverfahrens ,,alle zur Sicherung der Masse dienenden

einstweiligen Anordnungen treffen" (§ 106 Abs. 1 Satz 2 KO). Größere praktische Bedeutung haben das allgemeine Veräußerungsverbot (§ 106 Abs. 1 Satz 3 KO) und die Bestellung eines Sequesters. Die Anordnung der **Sequestration** – mit allgemeinem Veräußerungsverbot – steht der Eröffnung des Konkursverfahrens nicht gleich. Ein zwischen Unternehmer (ArbGeb) und dem Sequester einerseits und dem BR andererseits vereinbarter Sozialplan (vgl. dazu BAG 20. 11. 84, AP Nr. 23 zu § 112 BetrVG 72) ist ein Sozialplan vor Eröffnung des Konkurses.

5 Das Konkursverfahren wird durch Beschluß des Konkursgerichts eröffnet. Dabei ist der Zeitpunkt der Verfahrenseröffnung im **Eröffnungsbeschluß** genau anzugeben (§ 108 Abs. 1 KO). Nach diesem Zeitpunkt richtet sich der Eintritt aller konkursmäßigen Folgen (vgl. Mentzel/Kuhn/Uhlenbruck, KO, § 108 Rdnr. 2).

3. Sachlicher Anwendungsbereich

6 Die Vorschrift bezieht sich nur auf **Betriebsänderungen, die Entlassungen von ArbN zur Folge haben.** Das sind im wesentlichen Einschränkungen und Stillegungen des ganzen Betriebs oder von wesentlichen Teilen des Betriebs einschließlich Personalabbau (§ 111 Satz 2 Nr. 1 BetrVG). Denn in der Regel kommt es nur bei diesen Betriebsänderungen zu Entlassungen (vgl. dazu § 111 Rdnr. 17, 19). Haben Betriebsänderungen während des laufenden Konkursverfahrens keine Entlassungen, wohl aber andere wesentliche Nachteile für die Belegschaft zur Folge (vgl. § 111 Rdnr. 7), ist § 2 nicht anwendbar.

§ 2 spricht eingangs nur allgemein und undifferenziert von Sozialplänen und von „geplanten Betriebsänderungen". Das zulässige Volumen eines Sozialplans soll jedoch nach den Verdiensten der von einer Entlassung betroffenen ArbN berechnet werden. Deshalb sind nur die Sozialpläne gemeint, die sich mit den wirtschaftlichen Folgen für die entlassenen ArbN befassen, nicht andere Sozialpläne, die andere zunächst im Betrieb wirtschaftliche Nachteile der verbleibenden ArbN ausgleichen oder mildern sollen.

7 Im Konkurs des Unternehmers wird es – abgesehen von der Möglichkeit, den Betrieb nach **§ 613a BGB** an einen Dritten zu veräußern (vgl. § 111 Rdnr. 12) – über kurz oder lang zur Betriebsstillegung kommen und damit zu Entlassungen der ArbN. § 2 erfaßt damit den bei weitem wichtigsten Fall. Doch ist es nicht ausgeschlossen, daß der Konkursverwalter vor der Betriebsstillegung – evtl. auch vor der Betriebsveräußerung – noch Betriebsänderungen durchführen will. So kann er, um Arbeitsplätze durch Veräußerung des Betriebs an einen Dritten zu sichern, die Betriebsorganisation grundlegend ändern, er kann grundlegend neue Arbeitsmethoden oder Fertigungsverfahren einführen, er kann den Betrieb verlegen, mehrere Betriebe zusammenlegen usw. (vgl. § 111 Satz 2 Nr. 2 bis 5 BetrVG). Für jede dieser möglichen selbständigen Betriebsänderungen ist ein Interessenausgleich zu versuchen. Für jede dieser Maßnahmen ist ein Sozialplan aufzustellen. Kommt es bei diesen, der Betriebsstillegung oder der Betriebsveräußerung vorausgehenden Betriebsänderungen nicht zu Entlassungen der betroffenen ArbN, greift § 2 nicht ein. Entstehen z. B. durch eine Betriebsverlegung wesentlich höhere Fahrtkosten für die Belegschaft, können diese durch einen Sozialplan ausgeglichen werden. Dieser Sozialplan kann nicht in Monatsverdiensten „der von einer Entlassung betroffenen ArbN" berechnet werden, weil kein ArbN entlassen wird.

4. Berechnung des zulässigen Gesamtvolumens

8 Der Sozialplan, der die wirtschaftlichen Nachteile der von einer Entlassung betroffenen ArbN ausgleichen oder mildern soll, darf eine bestimmte Höhe nicht überschreiten. Hinsichtlich des Gesamtvolumens eines solchen Sozialplans stellt das Gesetz Inhaltsschranken auf. Der Gesamtbetrag aller Forderungen, die in einem solchen Sozialplan begründet werden, darf eine bestimmte Geldsumme nicht überschreiten.

9 Die Vorschrift befaßt sich **nicht** mit Fragen, **wie** das errechnete Gesamtvolumen des Sozialplans **auf die einzelnen ArbN verteilt** werden soll. Innerhalb des zulässigen Gesamtvolumens können Konkursverwalter und BR in einem vereinbarten Sozialplan Abfindungen nach dem Ausmaß der individuell zu erwartenden wirtschaftlichen Nachteile unterschiedlich bemessen. Das gilt auch für Beschlüsse der E-Stellen (vgl. Düttmann/Kehrmann/Muff, AiB 1985, 36; zum zulässigen Inhalt von Vereinbarungen und Beschlüssen vgl. zuletzt BAG 12. 2. 85, AP Nr. 25 zu § 112 BetrVG; 23. 4. 85, AP Nr. 26 zu § 112 BetrVG). Der Sozialplan soll sich an unterschiedlichen Auswirkungen der Betriebsänderung auf einzelne ArbN ausrichten. Die Ermessensrichtlinien des § 112 Abs. 5 Nr. 1 u. 2 BetrVG gelten auch für den Konkurs; Nr. 3 ist nicht anzuwenden, weil das Unternehmen nach dem Konkurs nicht weiterbesteht (vgl. Einzelheiten zu § 112 Abs. 5 dort Rdnr. 32–37). Nicht jeder ArbN, der bei der Berechnung des zulässigen Gesamtvolumens mitzählt und mit „seinem" Verdienst in die Gesamtrechnung eingeht, braucht bei der Verteilung berücksichtigt zu werden.

10 Für die Berechnung des zulässigen Gesamtvolumens ist zunächst zu ermitteln, **welche ArbN** von einer Entlassung betroffen werden. Anzuwenden ist der betriebsverfassungsrechtliche ArbN-Begriff (Düttmann/Kehrmann/Muff, AiB 1985, 36; Balz, DB 85, 691). ArbN im Sinne des BetrVG sind alle diejenigen, die zur Belegschaft gehören, auch Teilzeitbeschäftigte (anders z. T. im Kündigungsrecht, vgl. § 23 Abs. 1 Satz 3 KSchG i. d. F. des BeschFG – BGBl. 85 I 712) und befristet eingestellte ArbN. Keine ArbN sind die in § 5 Abs. 2 aufgeführten Personen (vgl. § 5 BetrVG Rdnr. 13ff.). Zu den ArbN im Sinne von § 2 gehören nicht die leitenden Ang. im Sinne von § 5 Abs. 3 BetrVG. Für sie wird kein Sozialplan aufgestellt (vgl. §§ 112, 112a Rdnr. 26). Werden Abfindungsansprüche nach § 328 BGB (Vertrag zugunsten Dritter) begründet, ist eine konkursrechtliche Behandlung nach diesem Gesetz nicht zulässig (Balz, DB 85, 691). Zur Belegschaft gehören andererseits aber die in Heimarbeit Beschäftigten, wenn sie in der Hauptsache für den in Betracht kommenden Betrieb tätig sind (§ 6 BetrVG, vgl. dort Rdnr. 8).

11 Mit den von einer Entlassung betroffenen ArbN sind nicht nur diejenigen gemeint, denen der Konkursverwalter **kündigt.** Einzurechnen sind auch die ArbN, die aufgrund von **Aufhebungsverträgen** ausscheiden, die auf der geplanten Betriebsänderung beruhen (vgl. BAG 2. 8. 83, AP Nr. 12 zu § 111 BetrVG 72; § 111 Rdnr. 21; Heither, ZIP 1985, 518; Düttmann/Kehrmann/Muff, AiB 1985, 36; Balz, DB 85, 691; a. A. Hess, NZA 1985, 206). Nach § 112a Abs. 1 Satz 1 BetrVG gilt als Entlassung auch das vom ArbGeb aus Gründen der Betriebsänderung veranlaßte Ausscheiden von ArbN auf Grund von Aufhebungsverträgen (vgl. §§ 112, 112a Rdnr. 17). Das gilt auch hier. Auf den formalen Beendigungsgrund kann es nicht ankommen, zumal das Gesetz nicht von „Gekündigten" spricht, sondern von ArbN, die von einer Entlassung betroffen sind. Bereits ausgeschiedene ArbN sind zu berücksichtigen, wenn ihr Ausscheiden auf der Betriebsänderung beruht, die dem Sozialplan zugrunde liegt (vgl. Balz, DB 85, 691).

12 Für die Berechnung des zulässigen Gesamtvolumens kommt es auf den **individuelle Arbeitsverdienst** eines jeden von der geplanten Entlassung betroffenen ArbN an, nicht auf den Durchschnittsverdienst aller im Betrieb beschäftigten ArbN.

13 **Bemessungszeitraum** ist der Monat, in dem die Betriebsänderung durchgeführt wird. Das ist der Zeitpunkt, zu dem die Mehrzahl der betroffenen ArbN entlassen wird. Für diesen Monat, in dem das Arbeitsverhältnis der Mehrzahl der betroffenen ArbN endet, ist der Arbeitsverdienst aller von der Entlassung betroffenen ArbN zu berechnen. Denn möglichst noch vor diesem Zeitpunkt soll der Sozialplan aufgestellt werden. Bei seiner Aufstellung müssen die Grenzen berechenbar sein. Es ist also unerheblich, wenn Arbeitsverhältnisse einzelner ArbN über den Zeitpunkt der Betriebsstillegung hinaus aus rechtlichen oder tatsächlichen Gründen (z. B. Mutterschutz, Aufräumarbeiten, Abwicklungsarbeiten) fortgesetzt werden. Für diese später ausscheidenden ArbN kommt es auf den Monatsverdienst an, den sie in dem Monat beziehen, in dem der Betrieb stillgelegt wird.

14 Von jedem betroffenen ArbN ist die Höhe seines Monatsverdienstes nach § 10 Abs. 3 KSchG zu ermitteln. Nach dieser Bestimmung gilt als **Monatsverdienst** das, was dem ArbN bei der für ihn maßgeblichen regelmäßigen Arbeitszeit in dem maßgebenden Monat an Geld und Sachbezügen zusteht. Abzustellen ist auf die **individuelle Arbeitszeit,** nicht auf die regelmäßige betriebsübliche Arbeitszeit. Das ist für die ArbN von Bedeutung, die in einem Teilzeitarbeitsverhältnis beschäftigt werden. Auch insoweit soll die nach dem KSchG vorgeschriebene individuelle Bemessung offensichtlich durchschlagen, obwohl es bei der Ermittlung des zulässigen Gesamtvolumens noch nicht um die Verteilung des zur Verfügung stehenden Betrages geht. Andererseits sind Schwankungen der Arbeitszeit – **Kurzarbeit und Überstunden** – nicht zu berücksichtigen. Sind jedoch Überstunden über einen längeren Zeitraum hinweg angefallen, sind sie zu berücksichtigen (vgl. KR-Becker, § 10 KSchG Rdnr. 29).

15 Zu den **Geldbezügen** gehören alle **Grundvergütungen** (Gehalt, Zeitlohn, Fixum). Maßgebend ist der Bruttobetrag, ohne Abzüge für Lohnsteuer und Sozialversicherung (vgl. Hueck, KSchG, 10. Aufl., § 10 Rdnr. 4 und 18). Bei Akkordlöhnern ist der **Akkordverdienst** zu errechnen, den sie in dem maßgebenden Bemessungsmonat unter Zugrundelegung der für sie maßgebenden Arbeitszeit erzielt haben oder – bei Störungen – erzielt hätten. Zu den Geldbezügen gehören auch alle geschuldeten **Zulagen** (Gefahrenzulagen, Erschwerniszulagen, Schicht- und Nachtarbeitszuschläge, vgl. KR-Becker, KSchG, § 10 Rdnr. 33). Weiter gehören alle Leistungen dazu, die nicht den Charakter von reinem Aufwendungsersatz haben. Fallen Aufwendungen nur an, wenn der ArbN tatsächlich arbeitet (Spesen, Fahrtkostenzuschüsse), gehört der Ersatz dieser Aufwendungen nicht zum Arbeitsverdienst. Zu den Geldbezügen gehören jedoch die vertraglich oder tariflich vorgesehenen **Sonderzahlungen** (13. oder 14. Gehalt, Jahresabschlußvergütungen, Weihnachtsgeld usw.). Sie alle haben Entgeltcharakter, sie werden geschuldet als Gegenleistung für die erbrachte Arbeitsleistung oder für Betriebstreue. Sind solche Leistungen auf einen längeren Zeitraum bezogen (Jahr, Halbjahr), werden sie anteilig auf einen Monat umgerechnet (zutr. Düttmann/Kehrmann/Muff, AiB 1985, 36). Das gilt auch für das vertraglich vereinbarte oder tariflich vorgesehene Urlaubsgeld.

16 Zum Monatsverdienst gehören alle vom ArbGeb geschuldeten **Sachbezüge.** Sie sind in Geld umzurechnen (z. B. Deputate in der Landwirtschaft, im Bergbau, Überlassung von Werkswohnungen usw.). Maßgebend ist ihr Marktwert. Das ist der Betrag, den der ArbN aufwenden müßte, wenn er sich diese Leistungen auf dem Markt beschafft (BAG 22. 9. 60, AP Nr. 27 zu § 616 BGB). § 10 Abs. 3 KSchG enthält keine Verweisung auf die nach § 160 Abs. 2 RVO festgesetzten Sachbezugswerte; diese Werte sind daher nicht maßgebend (KR-Becker, § 10 KSchG Rdnr. 34; Düttmann/Kehrmann/Muff, AiB 1985, 36).

Für die Ermittlung der Verdienste ist es unerheblich, ob der ArbN bis zum Ablauf der Kündigungsfrist beschäftigt wird; **Freistellungen, Urlaub,** längere **Krankheit** usw. wirken sich auf die Berechnung nicht aus (zutr. Düttmann/Kehrmann/Muff, AiB 1985, 36).

17 Der **Gesamtbetrag** des zulässigen Gesamtplanvolumens ergibt sich, wenn die Monatsverdienste aller betroffenen ArbN mit 2,5 multipliziert werden. Dabei wollte sich der Gesetzgeber, was die Höhe der Abfindungen betrifft, an den Abfindungen orientieren, wie sie nach dem Beschluß des BAG vom 13. 12. 78 (AP Nr. 6 zu § 112 BetrVG) im Durchschnitt gezahlt wurden (vgl. auch Gesner/Plett, Der Sozialplan im Konkursunternehmen, 1982, S. 100). In der Praxis werden einzelne Sozialplanleistungen häufig nicht in bestimmten DM-Beträgen festgesetzt; sie sollen vielmehr nach einem **Punktesystem** berechnet werden. Das ist nach dem Gesetz weiterhin zulässig (vgl. §§ 112, 112a Rdnr. 22). Ein solches Verfahren ist zu empfehlen, da es die Verteilungsmaßstäbe sichtbar macht. Das erleichtert die Anpassung bei unvorhergesehenen Störungen bei der Abwicklung (vgl. Düttmann/Kehrmann/Muff, AiB 1985, 37).

Im übrigen sollten die Beteiligten Anpassungsregelungen für den Fall vorsehen, daß die zulässigen Grenzen ungewollt überschritten werden (vgl. auch Rdnr. 18).

5. Rechtsfolgen bei Überschreiten des zulässigen Gesamtvolumens

18 Der ermittelte Gesamtbetrag ist ein Höchstbetrag. Die Summe aller Abfindungen, die an ausscheidende ArbN gezahlt werden, darf diesen Betrag nicht überschreiten. Wird der **Höchstbetrag** überschritten, ist der Sozialplan insgesamt unwirksam. Diese Rechtsfolge ergibt sich aus dem Wortlaut des Gesetzes: Wenn Grenzen des rechtlichen Könnens überschritten werden, tritt Unwirksamkeit ein. Durch die Begründung zum Gesetzentwurf wird diese Auslegung bestätigt. Der Sozialplan soll insgesamt nichtig sein.

Die Nichtigkeit läßt sich vermeiden, wenn die Vertragsparteien, die die Grenzen des zulässigen Sozialplans vorausschauend nur schwer berechnen können, Regelungen für den Fall treffen, daß die Grenzen ungewollt überschritten werden. Sie können z. B. anteilige Herabsetzung der Ansprüche vorsehen.

Nichtig ist sowohl eine Vereinbarung, die gegen § 2 verstößt als auch der Spruch der E-Stelle, der die Grenzen des § 2 nicht beachtet.

19 Die Nichtigkeit der Vereinbarung und die Nichtigkeit des Spruchs der E-Stelle kann der Konkursverwalter jederzeit geltend machen (vgl. Hess, NZA 1985, 206). Folge eines nichtigen Sozialplans sind neue Verhandlungen, neue Vereinbarungen oder ein erneutes Tätigwerden der E-Stelle. Aus einem nichtigen Sozialplan kann der einzelne ArbN keine Ansprüche herleiten. Der Konkursverwalter wird daher die Ansprüche der begünstigten ArbN nicht in dem nach der KO vorgesehenen Verfahren berichtigen. Dagegen können die einzelnen ArbN vorgehen (vgl. zum Verfahren § 4 Rdnr. 10). Möglich ist auch ein BeschlVerf mit BR und Konkursverwalter als Beteiligten, in dem die Rechtswirksamkeit oder Rechtsunwirksamkeit des Sozialplans festgestellt werden soll. Der Antragsteller braucht die Antragsfrist des § 76 Abs. 5 Satz 4 BetrVG nicht einzuhalten, da er sich nicht auf Ermessensüberschreitung, sondern auf einen sonstigen Rechtsfehler beruft (vgl. auch §§ 112, 112a Rdnr. 38 und § 76 Rdnr. 33).

Der Sozialplan, der gegen § 2 verstößt, ist absolut nichtig, nicht nur relativ unwirksam gegenüber den Konkursgläubigern; er wirkt auch nicht gegen den Gemeinschuldner.

20 Ob ein nichtiger Sozialplan **teilweise aufrechterhalten** werden kann, ist fraglich. Zwar können Betriebsvereinbarungen teilweise aufrechterhalten werden, wenn der nicht von der Nichtigkeit betroffene Teil eine in sich geschlossene und sinnvolle Regelung enthält (BAG 28. 4. 81, AP Nr. 1 zu § 87 BetrVG Vorschlagswesen; 20. 12. 83, AP Nr. 17 zu § 112 BetrVG 72; s. auch § 77 BetrVG Rdnr. 30 mit weit. Nachw.). Dasselbe gilt auch für Beschlüsse der E-Stelle (BAG 28. 4. 81, AP Nr. 1 zu § 87 BetrVG Vorschlagswesen). Doch passen diese Regeln nicht für den Fall, den § 2 regelt. Denkbar wäre allein eine **anteilige Kürzung** aller Ansprüche, bis das zulässige Volumen erreicht ist (so Düttmann/Kehrmann/Muff, AiB 1985, 36; Balz, DB 85, 691). Sind die Verteilungsmaßstäbe eindeutig erkennbar, und werden sie durch eine anteilige Kürzung nicht berührt, kann der Sozialplan teilweise aufrechterhalten werden.

Auch Gründe der Praktikabilität sprechen für eine Anpassung. Umgekehrt ist es zweckmäßig, in Sozialpläne **Nachbesserungsklauseln** aufzunehmen für den Fall, daß sich die erwartete Zahl der von der Entlassung betroffenen ArbN erhöht (vgl. §§ 112, 112a Rdnr. 22).

§ 3 (Sozialplan vor Konkurseröffnung)

Ein Sozialplan, der vor der Eröffnung des Konkursverfahrens, jedoch nicht früher als drei Monate vor dem Antrag auf Eröffnung des Konkurs- oder Vergleichsverfahrens aufgestellt wird, ist den Konkursgläubigern gegenüber insoweit unwirksam, als die Summe der Forderungen aus dem Sozialplan größer ist als der Gesamtbetrag von zweieinhalb Monatsverdiensten der von einer Entlassung betroffenen Arbeitnehmer. Eine Forderung aus dem Sozialplan kann im Konkursverfahren mit demjenigen Teil ihres Betrags geltend gemacht werden, der dem Verhältnis des in Satz 1 bestimmten Gesamtbetrags zu der Summe der Forderungen aus dem Sozialplan entspricht. Hat ein Arbeitnehmer auf seine Forderung aus dem Sozialplan vor der Eröffnung des Konkursverfahrens Leistungen empfangen, werden diese zunächst auf denjenigen Teil seiner Forderung angerechnet, der im Konkursverfahren geltend gemacht werden kann.

Inhaltsübersicht

1. Vorbemerkung

1 § 2, der rechtliche Grenzen für das Gesamtvolumen eines Sozialplans bestimmt, gilt nur für solche Sozialpläne, die nach Konkurseröffnung aufgestellt werden. Diesen inhaltlichen Schranken kann das Gesetz die **Sozialpläne,** die **vor Konkurseröffnung** aufgestellt werden, nicht unterwerfen. Denn im Zeitpunkt der Aufstellung eines solchen Sozialplans steht noch nicht fest, ob ein Konkursverfahren eröffnet wird. Sozialpläne, die vor Konkurseröffnung aufgestellt werden, unterliegen daher nicht den inhaltlichen Schranken des § 2.

2 Soweit diese Sozialpläne innerhalb bestimmter zeitlicher Grenzen aufgestellt werden, sieht § 3 besondere Vorschriften für die konkursrechtliche Abwicklung dieser Ansprüche vor. Die Sozialpläne, die während des Konkursverfahrens aufgestellt werden, und die Sozialpläne, die im unmittelbaren Vorfeld eines Konkursverfahrens aufgestellt werden, sol-

len konkursrechtlich möglichst gleich behandelt werden. Denn oft hängt es von Zufällen ab, wann ein solcher Sozialplan infolge einer Betriebsänderung (z. B. Betriebsstillegung) aufgestellt wird. Die Regelung mit ihrer möglichst weitgehenden Gleichbehandlung schafft jedenfalls keine Anreize, die Aufstellung des Sozialplans möglichst in die Zeit nach Konkurseröffnung zu verlegen (vgl. zum früheren Recht vor allem BAG 13. 12. 78, AP Nr. 6 zu § 112 BetrVG).

Die Gleichbehandlung beider Tatbestände muß jedoch durch andere rechtliche Mittel erreicht werden. Während § 2 Nichtigkeit des Sozialplans vorsieht, kann nach § 3 der zunächst wirksam vereinbarte Sozialplan nicht absolut unwirksam werden, er kann im nachfolgenden Konkurs nur den Konkursgläubigern gegenüber, also relativ (bezogen auf diese Gläubiger) unwirksam sein. Der ArbGeb, der selbst an der Aufstellung des Sozialplans beteiligt war, kann die Unwirksamkeit später nicht geltend machen.

2. Zeitliche Grenzen

3 Der Sozialplan, der zwar vor Konkurseröffnung aufgestellt wurde, der aber wie ein Sozialplan im Konkurs behandelt werden soll, darf nicht früher als drei Monate vor dem Antrag auf Eröffnung des Konkurs- oder Vergleichsverfahrens aufgestellt worden sein.

4 Aufgestellt ist der Sozialplan, wenn ArbGeb und BR sich geeinigt haben oder die Einigung durch die E-Stelle ersetzt worden ist. Die Einigung ist ein Rechtsgeschäft. Das Zustandekommen richtet sich nach §§ 145ff. BGB. Maßgebend ist danach – bei Vorliegen eines wirksamen Angebots – der Zeitpunkt, in dem die Annahmeerklärung dem anderen Teil zugeht. Das kann je nach Fallgestaltung der ArbGeb oder der BR sein. Verhandeln ArbG und BR, ist der Zeitpunkt maßgebend, in dem beide Seiten unterschreiben (§ 147 Abs. 1 BGB). Schickt eine Seite einen Entwurf, den die andere Seite annimmt, ist der Zeitpunkt maßgebend, in dem die Antwort eingeht (§ 147 Abs. 2 BGB). Zweckmäßigerweise ist dieser Zeitpunkt beweiskräftig (Zeugen, Urkunden) festzuhalten. Kommt die Einigung vor der E-Stelle zustande, wird dies zweckmäßigerweise im Protokoll vermerkt.

5 Andererseits kommt es auf den Zeitpunkt an, in dem ein Antragsberechtigter (§ 103 Abs. 2 KO) den Antrag auf Eröffnung des Konkursverfahrens stellt. Dieser Antrag ergibt sich aus den Akten des Konkursgerichts. Gehen beim Konkursgericht mehrere Anträge ein, ist der erste wirksame Antrag maßgebend, der zur Konkurseröffnung führt. Unerheblich ist der Tag der Konkurseröffnung.

Geht dem Konkursverfahren ein Vergleichsverfahren voraus, ist der Antrag maßgebend, der auf Eröffnung des Vergleichsverfahrens gerichtet ist. Vergleichsverfahren und Anschlußkonkursverfahren bilden insoweit eine Einheit (§§ 102ff. VerglO).

6 Zwischen dem Antrag auf Eröffnung des Verfahrens und der Eröffnung selbst kann ein längerer Zeitraum liegen. Wird in diesem Zeitraum ein Sozialplan aufgestellt, ist er wie ein Sozialplan vor Eröffnung des

Konkursverfahrens zu behandeln, also nach § 3, nicht nach § 2. War Sequestration angeordnet, können ArbGeb und Sequester – gemeinsam handelnd – mit dem BR einen Sozialplan vereinbaren (BAG 20. 11. 84, AP Nr. 23 zu § 112 BetrVG).

7 Bei der Feststellung beider Zeitpunkte – Antrag auf Konkurseröffnung und Aufstellung des Sozialplans – braucht nur das jeweilige **Datum** festgehalten zu werden. Die genaue Uhrzeit ist unerheblich, da die Frist nach Monaten berechnet wird, nicht nach Stunden oder Minuten (§ 187 Abs. 1 BGB). Die Frist selbst wird nach § 188 Abs. 2 und 3 BGB berechnet. Die Frist beginnt mit der Aufstellung des Sozialplans.

Beispiel:

Wird der Sozialplan am 20, Februar aufgestellt, wird er von § 3 erfaßt, wenn der Antrag auf Eröffnung des Konkursverfahrens bis zum 20. Mai eingeht (gleiche Zahl). Wird der Sozialplan am 30. November aufgestellt, wird er von § 3 erfaßt, wenn der Antrag auf Eröffnung des Konkursverfahrens bis zum 28. Februar des Folgejahres eingeht (§ 188 Abs. 3 BGB).

8 **Sozialpläne,** die **außerhalb dieser zeitlichen Grenzen** aufgestellt werden, werden vom Gericht nicht erfaßt. Für diese Sozialpläne bleibt es bei den allgemeinen konkursrechtlichen Bestimmungen. Forderungen der ArbN aus diesen Sozialplänen können im Konkurs des ArbGeb unbeschränkt geltend gemacht werden. Der ArbN kann jedoch für diese Forderung **kein Vorrecht** beanspruchen. Seine Forderung wird nur nach § 61 Abs. 1 Nr. 6 KO berichtigt (zur Geltendmachung dieser Forderung im Konkurs vgl. § 4 Rdnr. 4ff.).

3. Behandlung dieser Sozialpläne im Konkurs des Unternehmers

9 Die Vorschrift will erreichen, daß die Konkursmasse durch einen unmittelbar vor dem Konkurs (Krisenzeitraum) aufgestellten Sozialplan nicht stärker belastet wird als sie belastet würde, wenn der Sozialplan erst nach Konkurseröffnung aufgestellt worden wäre.

Der Sozialplan ist den Konkursgläubigern gegenüber insoweit unwirksam, als die Summe aller Abfindungen, die in diesem vorkonkurslich aufgestellten Sozialplan festgelegt sind, das zulässige Gesamtvolumen überschreitet. Das **zulässige Gesamtvolumen** wird wie in § 2 vorgeschrieben berechnet (vgl. § 2 Rdnr. 10ff.). Maßgebend sind allerdings auch hier nur die Geldleistungen, die für ArbN vorgesehen sind, die als Folge der Betriebsänderung entlassen werden. Leistungen, die Nachteile der im Betrieb verbleibenden ArbN ausgleichen oder mildern sollen, die diesen infolge von Betriebsänderungen entstehen, die nicht zur Entlassung führen, bleiben unberücksichtigt (vgl. § 2 Rdnr. 6).

10 Die hier angeordnete Rechtsfolge entspricht der Rechtsfolge, wie sie nach wirksamer Anfechtung einer Rechtshandlung eintritt, die vor Eröffnung des Konkursverfahrens vorgenommen wurde. Sachlich ungerechtfertigte Vermögensverschiebungen, durch die die Konkursmasse verkürzt worden war, die aber zeitlich vor der Eröffnung des Verfahrens

vorgenommen wurden, unterliegen unter bestimmten Voraussetzungen einer konkursrechtlichen Anfechtung (§ 29 KO; diese Anfechtung hat mit der Anfechtung eines Rechtsgeschäfts nach § 119 BGB nichts zu tun). Doch ergeben sich in bezug auf Forderungen einzelner ArbN auch deutliche Unterschiede in den Rechtsfolgen.

11 Die teilweise relative Unwirksamkeit des Sozialplans gegenüber den Konkursgläubigern wirkt sich wie folgt auf die Forderungen der ArbN aus dem Sozialplan aus:

Es ist zu unterscheiden zwischen der Behandlung der Forderung im Konkurs und der Behandlung der Forderung gegenüber dem Gemeinschuldner (ArbGeb). Im Konkurs ist zu unterscheiden zwischen den Fällen, in denen die Sozialplanforderung schon ganz oder teilweise erfüllt ist, und den Fällen, in denen die Forderung noch offen ist.

12 Der Fall, daß eine **Forderung** aus dem Sozialplan bis zur Eröffnung des Konkursverfahrens **noch nicht befriedigt** (bezahlt) wurde, ist in Satz 2 geregelt. Der ArbN kann eine solche Forderung nur gekürzt geltend machen. Gekürzt wird die einzelne Forderung eines ArbN im Verhältnis von rechtlich zulässigem Gesamtvolumen zur tatsächlichen Summe aller im Sozialplan begründeten Forderungen (Abfindungen für den Verlust des Arbeitsplatzes).

Beispiel:

500 ArbN werden von einer Betriebsänderung betroffen, die zu ihrer Entlassung führt. Die Monatsverdienste dieser ArbN multipliziert mit 2,5 ergeben den zulässigen Gesamtbetrag des Sozialplans (vgl. § 2 Rdnr. 10ff).

Der so errechnete Betrag soll 1200000,— DM betragen. Tatsächlich sieht der vor Konkurseröffnung aufgestellte Sozialplan Abfindungen für den Verlust der Arbeitsplätze in Höhe von 1800000,— DM vor. Das entspricht einem Verhältnis von 1,2 zu 1,8 (= 2:3). In diesem Verhältnis wird jede Forderung aus dem Sozialplan gekürzt.

Ein ArbN, der aus dem Sozialplan 7500,— DM zu beanspruchen hätte, kann im Konkurs nur 5000,— DM geltend machen.

Durch Kürzung sämtlicher Ansprüche wird erreicht, daß die Konkursmasse nur in dem für zulässig gehaltenen Umfang in Anspruch genommen werden kann (Satz 3).

13 Wurden vor Konkurseröffnung auf die Forderung **Teilbeträge gezahlt,** werden diese zunächst auf den Teil der Forderung angerechnet, den der ArbN im Konkurs geltend machen kann.

Beispiel:

Hat der ArbN aus dem Sozialplan 7500,— DM zu beanspruchen, hat er bereits 4000,— DM erhalten, kann er im Konkurs nur noch 1000,— DM geltend machen (7500,— DM gekürzt im Verhältnis 2:3 ergeben 5000,— DM); abzüglich der erhaltenen 4000,— DM bleibt ein Restanspruch von 1000,— DM.

Hat dieser ArbN bereits 5000,— DM erhalten, kann er keine weitere Forderung im Konkurs des ArbGeb geltend machen.

14 Hat der ArbN auf seine Forderung aus dem Sozialplan vor Konkurseröffnung die ihm zustehenden 7500,—DM bereits **vollständig erhalten,** verbleibt ihm diese Leistung. Eine Rückabwicklung ist im Gesetz nicht vorgesehen (vgl. Balz, DB 85, 692). Insoweit ist diese Regelung – entgegen der Begründung des Gesetzgebers – nicht mit der Anfechtung im Konkurs (§§ 29ff. KO) zu vergleichen. Denn der vor Konkurseröffnung wirksam vereinbarte oder beschlossene Sozialplan führt nicht zu sachlich ungerechtfertigten Vermögensverschiebungen, die im Interesse der Konkursgläubiger wieder rückgängig gemacht werden müßten (nach Auffassung von Willemsen, ZIP 1982, 649 kommen Absichtsanfechtungen (§ 31 KO) und Verschleuderungsanfechtung in Betracht).

15 Der einzelne ArbN kann im Konkurs des Unternehmers nicht erkennen, ob er mit seiner Forderung voll oder nur anteilig (gekürzt) teilnimmt. Er wird seine **Forderung** zunächst einmal **in vollem Umfang anmelden** (zum Anmeldeverfahren vgl. § 4 Rdnr. 4ff.). Es ist dann Sache des Konkursverwalters, Widerspruch zu erheben und diesen zu begründen. Daraus kann ein Rechtsstreit nach § 146 KO über den rechtlichen Bestand einer Konkursforderung entstehen (vgl. § 4 Rdnr. 10).

16 Soweit ein aus dem vorkonkurslichen Sozialplan begünstigter ArbN seine Forderung nicht im Konkurs geltend machen kann, im Beispielsfall waren das 2500,— DM (vgl. Rdnr. 12) bleibt der ArbGeb weiter der Schuldner. Er haftet mit seinem konkursfreien Vermögen. Die Forderung geht also nicht unter. Mit ihr nimmt der Gläubiger nicht am Konkursverfahren teil. Er muß Befriedigung der Forderung **außerhalb des Konkursverfahrens** suchen. Das ist meist aussichtslos, aber nicht immer. Nach § 1 Abs. 1 KO gehört nur das zum Zeitpunkt der Konkurseröffnung vorhandene Vermögen des Gesamtschuldners zur Konkursmasse. Der **Neuerwerb** ist konkursfrei. Zum Neuerwerb gehören z. B. Arbeitseinkommen und Vergütungen für Dienstleistungen oder Werkverträge, die der Gemeinschuldner nach Konkurseröffnung abschließt und durchführt.

4. Neuer Sozialplan nach Konkurseröffnung

17 Forderungen aus Sozialplänen, die früher als drei Monate vor dem Antrag auf Eröffnung des Konkursverfahrens (oder Vergleichsverfahrens) aufgestellt wurden, werden nur nach § 61 Abs. 1 Nr. 6 KO – als einfache Konkursforderungen – berichtigt. Sie sind in den meisten Fällen wirtschaftlich wertlos (vgl. § 1 Rdnr. 1). Nach der Begründung des Gesetzentwurfs bleibt jedoch das Recht der Beteiligten – BR und ArbGeb – unberührt, sich im Einzelfall nach allgemeinen Rechtsgrundsätzen von einem vorkonkurslichen Sozialplan zu lösen. Allerdings scheidet eine Anfechtung des vorkonkurslichen Sozialplans nach § 29 KO aus, da die Voraussetzungen einer solchen Konkursanfechtung nicht vorliegen werden. In Betracht kommen nur eine Kündigung aus wichtigem Grund oder der Wegfall der Geschäftsgrundlage (vgl. §§ 112, 112a Rdnr. 31).

Eine Kündigung des Sozialplans ist nur für Dauerregelungen denkbar, nicht wenn der Sozialplan einmalige Zahlungen für den Verlust des Arbeitsplatzes vorsieht (vgl. §§ 112, 112a BetrVG, Rdnr. 31 mit weit. Nachw.).

18 Die Grundsätze über den **Wegfall der Geschäftsgrundlage** gelten an sich für alle schuldrechtlichen Verträge. Sie ermöglichen eine Anpassung der Verträge, wenn die Geschäftsgrundlage für ein Rechtsgeschäft von Anfang an fehlte oder nachträglich weggefallen oder wesentlich erschüttert ist, so daß dem Schuldner das Festhalten am Vertrag nicht mehr zugemutet werden kann (vgl. Palandt/Heinrichs, § 242 Anm. 6 B mit weit. Nachw.). Diese allgemeinen zivilrechtlichen Grundsätze können schon wegen des unmittelbar wirkenden normativen Charakters von BV auf diese Normen nicht ohne weiteres angewendet werden. Auch können die den Normen unterworfenen ArbN in aller Regel nicht erkennen, von welcher Geschäftsgrundlage die Parteien des Sozialplans (BV) ausgegangen sind (vgl. §§ 112, 112a Rdnr. 31 und BAG 28. 2. 84 – 1 AZR 134/83 –).

Diese Bedenken müssen in dem hier zu behandelnden Sonderfall aber zurückgestellt werden. Die Geschäftsgrundlage des vor Konkurseröffnung aufgestellten Sozialplans kann sich dadurch entscheidend verändern, daß die Berechtigten nach Konkurseröffnung nicht mehr mit einer Befriedigung ihrer Forderungen rechnen können, wenn diese Forderungen nur nach § 61 Abs. 1 Nr. 6 berichtigt werden (BAG 31, 176, 211; Richardi, BetrVG, 6. Aufl., § 112 Rdnr. 91 und 107). Zu dem Zeitpunkt, zu dem der Sozialplan aufgestellt wurde, konnten sie mit einer bevorstehenden Erfüllung der Forderung durch den Schuldner rechnen. Deshalb kann der BR in einem solchen Fall den Abschluß eines **neuen Sozialplans** verlangen, für den dann – als Sozialplan im Konkurs – **die Maßstäbe des § 2** gelten.

§ 4 (Rangstelle nach § 61 Abs. 1 Nr. 1 KO)

Im Konkursverfahren werden Forderungen aus einem Sozialplan nach § 2 ebenso wie Forderungen aus einem Sozialplan nach § 3, soweit diese im Konkursverfahren geltend gemacht werden können, mit dem Rang des § 61 Abs. 1 Nr. 1 der Konkursordnung berichtigt. Für die Berichtigung dieser Forderungen darf jedoch nicht mehr als ein Drittel der für die Verteilung an die Konkursgläubiger zur Verfügung stehenden Konkursmasse verwendet werden; § 61 Abs. 2 Satz 2 der Konkursordnung gilt entsprechend. Sind Forderungen aus mehreren Sozialplänen mit dem Vorrecht nach Satz 1 zu berichtigen, gilt Satz 2 entsprechend für die Gesamtheit dieser Forderungen.

Inhaltsübersicht

1. Vorbemerkung

1 Während §§ 2 und 3 bestimmen, welche Forderungen aus einem Sozialplan der ArbN im Konkurs seines ArbGeb. geltend machen kann, enthält § 4 Bestimmungen darüber, wie diese Forderungen im Konkurs zu berichtigen sind. Es geht einmal um den konkursrechtlichen Rang der Forderungen (Satz 1). Unabhängig davon sieht Satz 2 eine weitere Einschränkung bei der Durchsetzung dieser Forderungen vor (relative Grenze).

2. Anmeldung und Prüfung der Forderungen im Konkursverfahren

2 Forderungen aus einem Sozialplan, der nach der Eröffnung des Konkursverfahrens aufgestellt wird (§ 2), und Forderungen aus einem Sozialplan, der vor Konkurseröffnung aufgestellt wurde (§ 3), sind **Konkursforderungen** im Konkurs des ArbGeb. Die ArbN als Gläubiger dieser Forderungen sind Konkursgläubiger im Sinne von § 3 Abs. 1 KO. Zwar ist Konkursgläubiger in der Regel nur derjenige, der einen zur Zeit der Eröffnung des Verfahrens begründeten Vermögensanspruch an den Gemeinschuldner (Unternehmer) hat. Das trifft an sich nur für vorkonkursliche Sozialplangläubiger zu (§ 3), nicht aber für Sozialplangläubiger, die erst durch einen im Konkurs selbst aufgestellten Sozialplan ihre Ansprüche erwerben. Diese Gläubiger werden durch die Neuregelung in § 4 aber den Konkursgläubigern gleichgestellt. Sie werden in jeder Beziehung wie Konkursgläubiger behandelt.

3 Den Konkursgläubigern dient die Konkursmasse zur gemeinschaftlichen Befriedigung aller persönlichen Gläubiger des Gemeinschuldners (§ 3 Abs. 1 KO). Zur Konkursmasse gehört das gesamte, einer Zwangsvollstreckung unterliegende Vermögen des Gemeinschuldners, das ihm zur Zeit der Eröffnung des Konkursverfahrens gehört (§ 1 Abs. 1 KO; zur Haftung des Schuldners mit neuerworbenen Vermögen vgl. § 3 Rdnr. 16). Es ist Aufgabe des Konkursverwalter, das gesamte zur Konkursmasse gehörige Vermögen sofort in Besitz und Verwaltung zu nehmen und dasselbe zu verwerten (§ 117 Abs. 1 KO). So entsteht die **Teilungsmasse** des Konkurses; sie ist die Aktivmasse.

4 Aus der Teilungsmasse werden die Konkursforderungen berichtigt. Zunächst hat der Gläubiger seine **Forderung** beim Konkursgericht **anzumelden** (§ 138 KO). Bei der Eröffnung des Konkursverfahrens (§ 110 Abs. 1 KO) hat das Konkursgericht die Anmeldefrist zu bestimmen, die mindestens zwei Wochen betragen muß und höchstens drei Monate betragen darf (§ 138). Wird die Forderung nach Ablauf der Anmeldefrist angemeldet, kann sie im allgemeinen Prüfungstermin nur geprüft werden, wenn der Konkursverwalter oder ein Gläubiger nicht widersprechen (§ 142 Abs. 1 KO). Die Forderung ist dann in einem späteren Prü-

fungstermin zu prüfen, dessen Kosten die Gläubiger nachgemeldeter Forderungen zu tragen haben. Verspätete Anmeldung schadet nicht, verursacht aber Kosten.

Der ArbN hat bei der Anmeldung den Betrag, den Grund der Forderung und das beanspruchte Vorrecht anzugeben (§ 139 KO).

Beispiel:

Forderung in Höhe von 7.500,– DM aus dem am (Datum) vereinbarten (beschlossenen) Sozialplan mit Vorrecht nach § 61 Abs. 1 Nr. 1 KO.

Auch rückständige Zinsen für die Zeit von der Fälligkeit des Anspruchs bis zur Konkurseröffnung können angemeldet werden. Der Zinsanspruch hat den gleichen Rang wie der Anspruch auf Abfindung (§ 62 Abs. 3).

Im Beispielsfall ist evtl. hinzuzufügen:
nebst 4% Zinsen seit dem ... bis zur Eröffnung des Konkursverfahrens.

5 Zinsen, die der Gemeinschuldner auf Sozialplanforderungen für die Zeit nach Eröffnung des Konkursverfahrens schuldet, sind keine Konkursforderungen. Diese Zinsforderungen kann der Gläubiger (ArbN) außerhalb des Konkursverfahrens gegen den Schuldner (ArbGeb.) geltend machen (Klage und Einzelzwangsvollstreckung). Für diese Forderung haftet der Schuldner jedoch nur mit seinem Neuerwerb (vgl. § 3 Rdnr. 16).

6 Die Forderung kann schriftlich beim Konkursgericht (§ 2 Rdnr. 4) angemeldet werden, aber auch zu Protokoll der Geschäftsstelle. Der Gläubiger muß die Forderung selbst anmelden. Soll ein Vertreter (Mitglieder des BR oder Gewerkschaftssekretär) für ihn tätig werden, muß der ArbN ihn schriftlich bevollmächtigen.

Der Gläubiger soll die zum Nachweis der Forderung notwendigen **Urkunden** mit vorlegen (§ 139 Satz 3 KO). Fehlen diese Unterlagen, ist die Anmeldung trotzdem wirksam.

7 Die Anmeldung beim Konkursgericht ist gebührenfrei.

8 Alle Anmeldungen werden in eine **Konkurstabelle** eingetragen (§ 140 KO). Diese Konkurstabellle kann nach der Beendigung des Konkursverfahrens als Urkunde dienen, aus der der Gläubiger gegen den Gemeinschuldner die Zwangsvollstreckung betreiben kann (§ 164 Abs. 2 KO).

Neben der vorgeschriebenen Anmeldung ist eine mündliche oder schriftliche Geltendmachung im Sinne von Ausschlußfristen nicht erforderlich. **Ausschlußfristen** sind im Konkurs des ArbGeb. nicht anwendbar (BAG 18. 12. 84, AP Nr. 88 zu § 4 TVG Ausschlußfristen).

9 Alle angemeldeten Forderungen werden in einem **Prüfungstermin** geprüft. Der Gläubiger braucht nicht anwesend zu sein (§ 143 KO). Im Prüfungstermin können der Konkursverwalter oder ein Konkursgläubiger dem Betrag oder dem beanspruchten Vorrecht widersprechen. Der Konkursverwalter hat daher zu prüfen, ob die Grenzen des zulässigen Volumens beachtet wurden. Widerspricht er nicht, gilt die angemeldete

Forderung einschließlich des Vorrechts als festgestellt (§ 144 KO). Sie ist nach dem beanspruchten Rang zu berichtigen.

10 **Widersprechen** der Konkursverwalter oder ein Gläubiger der Forderung oder dem Vorrecht, muß der Gläubiger dieser Forderung einen **Rechtsstreit** gegen den Bestreitenden führen (Feststellungsklagen nach § 146 KO).

Der Widerspruch des Gemeinschuldners wirkt sich auf die Teilnahme und Berichtigung der Forderung im Konkursverfahren nicht aus. Dieser Widerspruch ist insoweit unbeachtlich. Er schließt nur eine spätere Zwangsvollstreckung gegen den Gemeinschuldner aus der Tabelle aus (vgl. Rdnr. 23).

3. Das Vorrecht nach § 61 Abs. 1 Nr. 1 KO

11 ArbN können ihre Forderungen aus Sozialplänen als **bevorrechtigte Forderungen nach § 61 Abs. 1 Nr. 1 KO** geltend machen. In die gleiche Rangklasse gehören z. B. Lohnforderungen der ArbN für das letzte Jahr vor der Eröffnung des Konkursverfahrens (§ 61 Abs. 1 Nr. 1a KO), soweit sie nicht – wegen der Rückstände für die letzten sechs Monate vor der Eröffnung des Verfahrens – Masseschulden sind (§ 59 Abs. 1 Nr. 3a KO), die noch vor den Konkursforderungen berichtgt werden müssen. Der gleiche Rang steht auch den Trägern der Sozialversicherung und der BAA für Forderungen auf Beiträge einschließlich Säumniszuschläge und auf Umlagen zu, und zwar ebenfalls wegen der Rückstände für das letzte Jahr vor der Eröffnung des Konkurses.

12 Da alle unter einer Nummer zusammengefaßten Forderungen den gleichen Rang haben (§ 61 Abs. 2 KO), konkurrieren sie auch, wenn die Teilungsmasse nicht ausreicht, um alle Gläubiger der Rangklasse 1 zu befriedigen, mit anderen Forderungen in diesem Rang. In diesem Fall werden gleichrangige Forderungen nach dem Verhältnis ihrer Beträge berichtigt (§ 61 Abs. 2 Satz 2 KO). Das bedeutet eine Gefährdung der Sozialplanansprüche; die Rückstände der Sozialversicherungsbeiträge und der BAA können ein beträchtliches Ausmaß annehmen.

13 Während das Vorrecht für Sozialplanansprüche jetzt ausdrücklich anerkannt ist, ist die konkursrechtliche Behandlung von Abfindungen nach dem KSchG (§§ 9, 10 KSchG) immer noch umstritten. Jedenfalls soweit der Konkursverwalter kündigt, die Kündigung rechtsunwirksam ist und das Gericht das Arbeitsverhältnis auflöst und eine Abfindung festsetzt, handelt es sich um Masseschulden nach § 59 Abs. 1 Nr. 1 KO. Denn dieser Anspruch entsteht aus einem Geschäft und aus einer Handlung des Konkursverwalters (vgl. zum konkursrechtlichen Rang der Abfindungen nach §§ 9, 10 KSchG R. Schmid, BB 82, 191). Umgekehrt soll der Anspruch auf eine Abfindung nach §§ 9, 10 KSchG nur (einfache) Konkursforderung sein, wenn der ArbGeb. selbst noch vor Konkurseröffnung gekündigt hatte und das Konkursverfahren erst nach Ablauf der Kündigungsfrist eröffnet worden war (vgl. BAG 6. 12. 84, AP Nr. zu § 9 KSchG).

4. Relative Begrenzung der Sozialplanforderungen

14 § 4 Satz 2 greift in die Verteilung der Masse ein. Nach allgemeinem Konkursrecht soll der Konkursverwalter, wenn hinreichende Konkursmasse vorhanden ist, diese an die Konkursgläubiger verteilen (§ 149 KO). Zahlungen auf bevorrechtigte Forderungen kann der Konkursverwalter mit Ermächtigung des Gerichts unabhängig von diesen allgemeinen Verteilungen leisten (§ 170 KO). Diese Ermächtigung können der Konkursverwalter und die begünstigten Gläubiger beantragen. Sie wird nur erteilt, wenn die Befriedigung gleich- oder besserberechtigter Gläubiger nicht gefährdet ist. Daher muß vor einer Berichtigung der Sozialplanansprüche sichergestellt sein, daß alle Masseschulden (§ 59 KO) gezahlt werden können und daß andere nach § 61 Abs. 1 Nr. 1 KO berechtigte Gläubiger zumindest in demselben Verhältnis befriedigt werden.

15 Diese allgemeinen Grundsätze des Konkursrechts werden zum Nachteil der Gläubiger einer Sozialplanforderung (Abfindung) durch § 4 Satz 2 abgeändert. Gläubiger einer Sozialplanforderung (Abfindung) müssen nicht nur Rücksicht nehmen auf Massegläubiger (§ 59) und auf gleichrangige Forderungen; sie müssen Rücksicht nehmen auf alle übrigen – auch nachrangigen – Konkursgläubiger. § 4 Satz 2 bestimmt, daß für die Berichtigung bevorrechtigter Sozialplanforderungen nicht mehr als ein Drittel der Konkursmasse, die für die Verteilung an die Gläubiger zur Verfügung steht, verwendet werden darf.

Das Gesetz will damit erreichen, ,,daß der Sozialplan nicht einen unvertretbar großen Teil der Konkursmasse aufzehrt" (vgl. Amtl. Begründung des Regierungsentwurfs, BR-Drucks. 411/84, zu § 4). Die Bestimmung soll Bedeutung gewinnen insbesondere in den Fällen, in denen der Konkurs über das Vermögen eines Unternehmers mit hohem Kapitaleinsatz und entsprechend geringer Arbeitnehmerzahl eröffnet wird (krit. hierzu Otto, ZfA 85, 91).

16 Diese ,,relative" Begrenzung des Sozialplanvolumens tritt neben die schon in den §§ 2 und 3 angeordnete Begrenzung. **§ 4** schließt Sozialplanforderungen zwar nicht aus dem Konkursverfahren aus, er **schränkt** nur **die Berichtigung dieser Forderungen** – das ist allerdings das Entscheidende – **ein.**

Der Konkursverwalter hat bei jeder Verteilung der Masse § 4 Satz 2 zu beachten. Er muß zunächst den Gesamtbetrag der Forderungen feststellen, mit denen Sozialplangläubiger am Konkurs teilnehmen (Berechnungen nach §§ 2 und 3). Auf der anderen Seite hat er die Teilungsmasse festzustellen (vgl. oben Rdnr. 3). An Sozialplangläubiger darf er nur ein Drittel des Betrages verteilen, der insgesamt für die Verteilung an alle Konkursgläubiger zur Verfügung steht.

Beispiel:

Der Sozialplan hat ein nach §§ 2 oder 3 zulässiges Volumen von 100000,– DM. Die Teilungsmasse beträgt 210000,– DM. Sozialplanforderungen dürfen deshalb insgesamt nur bis zur Höhe von 70000,– DM (ein Drittel von 210000,– DM) berichtigt werden.

Diese Beschränkung kann gleich- oder nachrangig berechtigten Gläubigern zugute kommen (Beispiele bei Balz, RWS-Skript 149, S. 71–72).

17 Die relative Begrenzung des Sozialplanvolumens wird nur erreicht, wenn jeder einzelne Anspruch eines Gläubigers, der eine Forderung aus dem Sozialplan geltend macht, entsprechend gekürzt wird. Das Kürzungsverhältnis ergibt sich aus dem Verhältnis zwischen dem Drittel des Betrages, der für die Verteilung an die Konkursgläubiger zur Verfügung steht, und dem Gesamtbetrag, den die Sozialplangläubiger im Konkursverfahren geltend machen können. Das folgt aus dem Hinweis auf § 61 Abs. 2 Satz 2 KO.

Beispiel:

Betragen das Sozialplanvolumen 100000,– DM und die verteilungsfähige Masse 210000,– DM, dürfen auf Sozialplanforderungen nur 70000,– DM gezahlt werden (s. o. Rdnr. 16). Der einzelne Gläubiger einer solchen Sozialplanforderung kann deshalb nur Berichtigung in Höhe von 70/100 seines individuellen Anspruchs erwarten.

Kann er eine Abfindung von 5600,– DM im Konkursverfahren geltend machen, erhält er tatsächlich nur 3920,– DM.

5. Abschlagszahlungen

18 Konkursverfahren können Jahre dauern. In der Regel vergehen schon zwei Jahre bis zur Feststellung der Teilungsmasse. Wegen der möglichen relativen Begrenzung der Sozialplanforderungen nach § 4 Satz 2 muß die Feststellung der Konkursmasse in all den Fällen abgewartet werden, in denen eine Begrenzung in Betracht kommt. Das Drittel, das für Sozialplanforderungen zur Verfügung steht, ist zunächst eine rechnerische Größe. Beim Abschluß des Konkursverfahrens darf nicht mehr als ein Drittel der Konkursmasse an die Sozialplangläubiger verteilt worden sein. Das Gesetz schreibt also eine rückwirkende Betrachtung vor.

Andererseits können die Abfindungen, die in Sozialplänen für den Verlust des Arbeitsplatzes vorgesehen sind, ihre Überbrückungsfunktion – Sicherung der wirtschaftlichen Existenz für einen Zeitraum nach der Entlassung – bei verzögerter Auszahlung nur schwer erfüllen (zu dieser Funktion der Abfindungen vgl. BAG 13. 12. 78, AP Nr. 6 zu § 112 BetrVG u. §§ 112, 112a Rdnr. 20). Mit **Ermächtigung des Gerichts** kann der Konkursverwalter auf festgestellte bevorrechtigte Forderungen, also auch auf Sozialplanansprüche, unabhängig von den allgemeinen Verteilungen Zahlungen leisten. Konkursverwalter oder Gläubiger können eine solche Ermächtigung beantragen (§ 170 KO). Bei Erteilung und Ausübung der Ermächtigung haben Gericht und Konkursverwalter darauf zu achten, daß die Sozialplanansprüche einer Vorausberichtigung dringend bedürfen. Jeweils ein Drittel der vorhandenen Teilungsmasse kann an Sozialplangläubiger (und etwaige andere Berechtigte in der Rangklasse 1 – Gleichrang nach § 61 Abs. 2 KO – ausgezahlt werden.

6. Mehrere Sozialpläne

19 Satz 3 behandelt den Fall, daß Forderungen aus mehreren Sozialplänen mit dem Vorrecht nach § 61 Abs. 1 Nr. 1 zu berichtigen sind. Welche Sozialpläne dafür in Betracht kommen, ist wiederum den §§ 2 und 3 zu entnehmen. Forderungen aus Sozialplänen, die nicht mit dem Vorrecht berichtigt werden müssen (Altsozialpläne, vgl. § 3 Rdnr. 8) bleiben hier unberücksichtigt.

Zu mehreren Sozialplänen kann es infolge mehrerer Betriebsänderungen kommen (mehrere Maßnahmen zum Personalabbau, Stillegungen wesentlicher Betriebsteile, verbunden mit Entlassungen, vgl. § 111 Rdnr. 11). Soweit Forderungen aus diesen Sozialplänen bereits vor Konkurseröffnung erfüllt wurden, nehmen sie nicht mehr am Konkursverfahren teil. Soweit sie noch nicht erfüllt waren, müssen die Schranken der §§ 2 und 3 beachtet werden.

20 Die Forderungen aus mehreren in Betracht kommenden Sozialplänen werden für das Berichtigungsverfahren zusammengerechnet. Der Konkursverwalter hat deshalb die Summe der nach § 4 Satz 1 bevorrechtigten Sozialplanforderungen zu ermitteln und diese Summe (Gesamtheit dieser Forderungen) mit der verteilungsfähigen Konkursmasse zu vergleichen. Dieser Vergleich ergibt das Verhältnis, in dem einzelne Forderungen der aus den verschiedenen Sozialplänen Berechtigten gekürzt werden müssen.

7. Änderung der Geschäftsgrundlage

21 Die Höhe der Sozialplanforderung, die tatsächlich an Sozialplangläubiger ausgezahlt wird, können weder die Beteiligten, die einen Sozialplan vereinbaren, noch die E-Stelle, die einen Sozialplan beschließt, voraussehen. Die Höhe hängt von der verteilungsfähigen Konkursmasse ab.

Eine im Verhältnis zum Sozialplan erheblich geringere Befriedigung der Sozialplanforderungen kann zu sozialen Ungerechtigkeiten führen. Statt einer anteiligen Kürzung aller Abfindungsansprüche könnte es gerechter sein, weniger schutzwürdige ArbN-Gruppen von Leistungen auszuschließen und dafür die Leistungen an besonders schutzbedürftige ArbN zu erhöhen. Die Verteilungsgerechtigkeit innerhalb des Sozialplans kann durch eine gleichmäßige Kürzung aller Abfindungen verletzt werden.

Eine nicht voraussehbare Kürzung der Sozialplanforderungen kann deshalb Grund und Anlaß sein, den zuvor vereinbarten Sozialplan wegen veränderter Geschäftsgrundlage anzupassen (zur Änderung der Geschäftsgrundlage vgl. §§ 112, 112a Rdnr. 31). Diese Anpassung ist nur dadurch möglich, daß ein neuer Sozialplan vereinbart oder beschlossen wird. Dies geschieht dadurch, daß sich Konkursverwalter und BR auf einen neuen Sozialplan einigen, bei dem sie die Aussicht auf Berichtigung nach § 4 Satz 2 besser beurteilen können, oder daß eine Seite im Fall der Nichteinigung erneut die E-Stelle anruft und ein neuer Sozialplan in diesem Verfahren beschlossen wird. Diese Anpassung ist vermeidbar, wenn die Beteiligten von vornherein entsprechende Regelungen in den Sozialplan für den Fall aufnehmen, daß die Berichtigung der Forderungen nach § 4 Satz 2 eingeschränkt wird.

22 Wird ein neuer Sozialplan aufgestellt, müssen die ArbN die sich daraus ergebenden Forderungen erneut beim Konkursgericht anmelden. Es findet ein neues Feststellungs- und Prüfungsverfahren statt (vgl. § 4 Rdnr. 4ff.).

Dagegen dürfte es nicht zweckmäßig sein, den Sozialplan erst aufzustellen, wenn die verteilungsfähige Konkursmasse annähernd zu übersehen ist. Dieses Verfahren schließt Abschlagszahlungen aus, die sonst möglich wären (s. o. Rdnr. 18).

8. Ausgefallene Forderungen

23 Mit den nach §§ 2 und 3 zulässigen Sozialplanforderungen kann ein ArbN bei der Berichtigung nach § 4 Satz 2 ausfallen. Seine Forderung bleibt aber Konkursforderung. Er kann sie nicht außerhalb des laufenden Konkursverfahrens gegen den Gemeinschuldner (ArbGeb.) geltend machen. Erst **nach Abschluß des Konkursverfahrens** ist ein weiteres Vorgehen gegen den Gemeinschuldner möglich (§ 164 Abs. 1 KO). Der Gläubiger, dessen Forderung zur Tabelle festgestellt und nicht vom Gemeinschuldner im Prüfungstermin ausdrücklich bestritten worden ist, kann aus der Eintragung in die Tabelle die Zwangsvollstreckung gegen den Gemeinschuldner betreiben (§ 164 Abs. 2 KO). Die Eintragung in die Tabelle hat insoweit die Wirkung eines rechtskräftigen Urteils. Damit unterscheidet sich die Rechtslage nach § 4 Satz 2 von der Rechtslage, wie sie sich aus der relativen Unwirksamkeit einer Forderung nach § 3 Satz 1 und 2 ergibt. Mit der nach § 3 ausgeschlossenen Forderung kann der Gläubiger (ArbN) erst gar nicht am Konkursverfahren des Unternehmers teilnehmen (vgl. § 3 Rdnr. 16).

§ 5 (Beteiligung von Arbeitnehmern am Vergleichsverfahren)

Am Vergleichsverfahren sind die Arbeitnehmer nicht beteiligt, soweit ihre Forderungen aus einem Sozialplan im Konkursverfahren geltend gemacht werden können und ein Vorrecht genießen; im übrigen sind sie Vergleichsgläubiger.

Inhaltsübersicht

1. Das Vergleichsverfahren

1 Durch das Vergleichsverfahren soll der Konkurs eines Unternehmens abgewendet werden (§ 1 VerglO). Vom Konkursverfahren unterscheidet sich das Vergleichsverfahren dadurch, daß dem Schuldner das Ver-

waltungs- und Verfügungsrecht über sein Vermögen verbleibt. Zwar wird ein Verwalter eingesetzt (Vergleichsverwalter, §§ 12, 38 VerglO). Er hat aber lediglich die Geschäftsführung des Schuldners zu überwachen (§ 39 VerglO). Der Schuldner kann im Rahmen des gewöhnlichen Geschäftsbetriebes alle Geschäfte abschließen. Außerhalb des gewöhnlichen Geschäftsbetriebes soll er Geschäfte nur mit Zustimmung des Verwalters eingehen (§ 37 VerglO). Das Gericht kann dem Schuldner jedoch weitergehende Verfügungsbeschränkungen auferlegen (§§ 58, 59 VerglO); entgegenstehende Verfügungen sind dann den Vergleichsgläubigern gegenüber unwirksam.

2 Das Vergleichsverfahren wird unter den gleichen Voraussetzungen eröffnet wie das Konkursverfahren, jedoch nur auf Antrag des Schuldners. Der Antrag muß einen Vergleichsvorschlag enthalten und angeben, wie die Erfüllung des Vergleichs gesichert werden soll (Bürgschaften, Pfandrechte usw.) (§§ 2, 3 VerglO).

3 Vergleichsgläubiger sind – wie Konkursgläubiger – alle persönlichen Gläubiger des Schuldners, die einen zur Zeit der Eröffnung des Verfahrens begründeten Vermögensanspruch gegen ihn haben (§ 25 VerglO). Vergleichsgläubiger können auch ArbN sein.

4 **Keine Vergleichsgläubiger sind die Gläubiger, deren Forderungen im Konkurs ein Vorrecht genießen** (§ 26 VerglO). Der Sinn dieser Regelung wird deutlich aus dem Zweck des Vergleichsverfahrens. Im Vergleichstermin stimmen die Gläubiger, gegen deren Forderungen weder der Schuldner noch der Verwalter oder ein Gläubiger Widerspruch erhoben haben, über den Vergleichsvorschlag des Schuldners ab (§ 74 VerglO). Dieser Vergleich ist das Ziel des Vergleichsverfahrens. Er ist wirksam für und gegen alle Vergleichsgläubiger, auch soweit sie am Verfahren nicht teilgenommen haben oder gegen den Vergleich gestimmt haben (§ 82 VerglO). Vergleichsgläubiger erlassen einen Teil ihrer Forderungen gegen den Schuldner. Sie erhalten im Vergleich nur eine anteilige Befriedigung ihrer Forderungen. Dabei müssen ihnen mindestens 35% ihrer Forderungen gewährt werden. Der Mindestsatz erhöht sich auf 40%, wenn der Schuldner eine Zahlungsfrist von mehr als einem Jahr von der Bestätigung des Vergleichs ab beansprucht (§ 7 Abs. 1 und 2 VerglO). Der Vergleichsgläubiger muß also Einbußen hinnehmen. Der Gläubiger, der kein Vergleichsgläubiger ist, behält seine Forderung ungekürzt.

5 An diese Wirkungen eines Vergleichs knüpft § 5 an. Soweit die ArbN mit ihren Forderungen aus Sozialplänen am Vergleich nicht beteiligt sind, also keine Vergleichsgläubiger sind, bleiben ihre Forderungen ungekürzt erhalten. Soweit sie Vergleichsgläubiger sind, müssen sie mit einer Kürzung (Zwangserlaß) der Forderung rechnen.

2. Vergleichsgläubiger

6 Mit welchen Forderungen die ArbN am Vergleichsverfahren nicht beteiligt sind, ist in § 3 Satz 2 bestimmt. Auf diese Vorschrift verweist § 5 der Sache nach. Denn dort ist geregelt, welchen Teil seiner

Forderung der Gläubiger eines Sozialplananspruchs im Konkurs geltend machen könnte. Daß er für diesen Teil seiner Forderung ein Konkursvorrecht genießt, bestimmt § 4 Satz 1.

7 Die in § 4 Satz 2 vorgeschriebene relative Begrenzung der Sozialplanforderungen wirkt sich nicht auf das Vergleichsverfahren aus. Zu einer konkursmäßigen Verteilung der Masse kommt es im Vergleichsverfahren nicht.

8 Mit dem Teilbetrag der Forderungen, der im Konkursverfahren nicht geltend gemacht werden könnte (vgl. § 3 Satz 2), nehmen die ArbN am Vergleichsverfahren teil. Sie sind insoweit Vergleichsgläubiger mit allen Rechten eines solchen Gläubigers (z. B. Stimmrecht). Sie müssen insoweit ihre Forderungen anmelden (§ 67 VerglO).

9 Dagegen braucht ein **während des laufenden Vergleichsverfahrens aufgestellter Sozialplan** die Grenzen des § 2 nicht zu beachten. Der Vergleichsschuldner (ArbGeb.) bleibt Herr seines Vermögens (vgl. Balz, DB 85, 694).

§ 6 (Übergangsvorschriften)

(1) **Ist das Konkurs- oder Vergleichsverfahren beim Inkrafttreten dieses Gesetzes anhängig, sind die §§ 2 bis 5 vorbehaltlich der folgenden Absätze anzuwenden.**

(2) **Auf einen Sozialplan nach § 2 oder § 3, der vor dem Inkrafttreten dieses Gesetzes aufgestellt worden ist, ist nur § 4 Satz 1 anzuwenden. Ist die Summe der Forderungen aus einem solchen Sozialplan größer als der Gesamtbetrag von zweieinhalb Monatsverdiensten der von einer Entlassung betroffenen Arbeitnehmer, wird jede Forderung im Konkursverfahren bis zu demjenigen Teil ihres Betrags, der dem Verhältnis des Gesamtbetrags zu der Summe der Forderungen aus dem Sozialplan entspricht, mit dem Rang des § 61 Abs. 1 Nr. 1 und im übrigen mit dem Rang des § 61 Abs. 1 Nr. 6 der Konkursordnung berichtigt. Hat ein Arbeitnehmer auf seine Forderung aus dem Sozialplan Leistungen empfangen, werden diese zunächst auf den bevorrechtigten Teil seiner Forderung angerechnet.**

(3) **Sind Forderungen für das Konkursverfahren mit einem Vorrecht vor den in § 61 Abs. 1 Nr. 1 der Konkursordnung aufgeführten Forderungen festgestellt worden, ist dieses Vorrecht in dem weiteren Verfahren unbeachtlich. Die Unbeachtlichkeit des Vorrechts wird von Amts wegen in der Tabelle vermerkt.**

(4) **Ein Vorrecht nach diesem Gesetz kann im Konkursverfahren auch dann nachträglich angemeldet und festgestellt werden, wenn Forderungen ohne Vorrecht oder mit einem Vorrecht vor den in § 61 Abs. 1 Nr. 1 der Konkursordnung aufgeführten Forderungen festgestellt worden sind. Wird das Vorrecht binnen zwei Monaten nach dem Inkrafttreten dieses Gesetzes angemeldet, fallen die Kosten eines besonderen Prüfungstermins der Konkursmasse zur Last.**

(5) **Ansprüche aus ungerechtfertigter Bereicherung sind ausgeschlossen. Ein angenommener Vergleich oder Zwangsvergleich bleibt unberührt.**

§ 7 (Berlin-Klausel)

Dieses Gesetzes gilt nach Maßgabe des § 13 Abs. 1 des Dritten Überleitungsgesetzes auch im Land Berlin.

§ 8 (Inkrafttreten, Außerkrafttreten)

Dieses Gesetz trittt am Tage nach der Verkündung in Kraft. Es tritt mit Ablauf des 31. Dezember 1988 außer Kraft.

Inhaltsübersicht

1. Übersicht

1 Das Gesetz enthält Übergangsvorschriften. Es ist mit Einschränkungen anzuwenden auf Konkurs- und Vergleichsverfahren, die am 28. Febr. 1985 anhängig sind. Anhängig ist ein solches Insolvenzverfahren, wenn der Antrag auf Eröffnung eines solchen Verfahrens gestellt wurde und das Verfahren noch nicht beendet ist. Wird im Anschluß an ein gescheitertes Vergleichsverfahren ein Konkursverfahren eröffnet (Anschlußkonkurs), ist das Konkursverfahren in dem Zeitpunkt anhängig geworden, in dem der Antrag auf Eröffnung des Vergleichsverfahrens gestellt wurde. Das Vergleichsverfahren und das Anschlußkonkursverfahren bilden insoweit eine Einheit.

2 § 6 Abs. 1 erklärt die §§ 2 bis 5 in anhängigen Konkurs- oder Vergleichsverfahren grundsätzlich für anwendbar. Die nachfolgenden Absätze sehen jedoch für einzelne Fallgestaltungen teils abweichende, teils ergänzende Vorschriften vor.

3 Auf bereits abgeschlossene Verfahren findet das Gesetz keine Anwendung mehr.

2. Fallgestaltungen

4 Es sind verschiedene Fallgestaltungen zu beurteilen:

a) Das Konkursverfahren wurde **vor dem 28. Febr. 1985** eröffnet und ist noch nicht beendet:

5 aa) Ein **Sozialplan** wurde **noch nicht aufgestellt,** er muß noch aufgestellt werden. In diesem Fall ist § 2 zu beachten.

6 bb) Ein **Sozialplan** wurde bereits während des laufenden Konkursverfahrens vor dem 28. Febr. 1985 **aufgestellt.** § 2 kann auf den bereits

aufgestellten Sozialplan nachträglich nicht mehr angewendet werden. Der Sozialplan ist deshalb auch dann wirksam, wenn er die inhaltlichen Schranken des § 2 (Höhe des zulässigen Gesamtbetrages) nicht beachtet hatte. Der Konkursverwalter kann in einem Verfahren nach § 76 Abs. 5 S. 4 nicht mehr geltend machen, die E.-Stelle habe die Grenzen ihres Ermessens überschritten (BAG 14. 5. 85, AP Nr 16 zu § 76 BetrVG 1972). Die sich aus dem Sozialplan ergebenden Forderungen einzelner ArbN müssen im Konkurs berichtigt werden. Für diese Forderungen kann der ArbN das Vorrecht nach § 61 Abs. 1 Nr. 1 KO in Anspruch nehmen (§ 6 Abs. 2 Satz 1). Doch kann ein Rangstellensplitting eintreten.

Es kommt zu einem **Rangstellensplitting,** wenn die Summe der Forderungen aus einem solchen Sozialplan größer ist als der rechnerisch zu ermittelnde Höchstbetrag von zweieinhalb Monatsverdiensten aller von der Entlassung betroffenen ArbN (vgl. zur Berechnung § 2 Rdnr. 10ff.). Ist die Summe der Forderungen größer als der zulässige Höchstbetrag, wird die Forderung rechnerisch aufgeteilt. Derjenige Teil, der dem Verhältnis der Gesamtsumme der tatsächlich begründeten Forderungen zur zulässigen Höhe des Gesamtbetrages entspricht, wird mit dem Vorrecht nach § 61 Abs. 1 Nr. 1 berichtigt. Der Rest der Forderung wird nach § 61 Abs. 1 Nr. 6 berichtigt.

Beispiel:

Beträgt die Summe aller im Sozialplan vorgesehenen Abfindungen 1800000,– DM, wäre aber nur ein Höchstbetrag von 1200000,– DM zulässig gewesen, werden alle Sozialplanforderungen der einzelnen ArbN im Verhältnis von 1,2 : 1,8 (= 2:3) aufgeteilt.

Beträgt die individuelle Forderung eines ArbN 9000,– DM, müssen ⅔, das sind 6000,– DM nach § 61 Abs. 1 Nr. 1 KO berichtigt werden. Für die restlichen ⅓ (= 3000,– DM) kann der ArbN kein Vorrecht in Anspruch nehmen.

7 cc) Der Sozialplan wurde **in den letzten drei Monaten vor einem Antrag auf Eröffnung des Konkurs- oder Vergleichsverfahrens aufgestellt:**

Forderungen aus diesen Sozialplänen werden ebenso behandelt wie Forderungen aus Sozialplänen, die in einem bereits anhängigen Konkursverfahren (aber vor Inkrafttreten des Gesetzes aufgestellt wurden (Fallgestaltung a, bb).

8 dd) Der Sozialplan wurde **früher als drei Monate vor dem Antrag auf Eröffnung des Insolvenzverfahrens aufgestellt:** Die Forderungen können unbeschränkt geltend gemacht werden, genießen aber kein Vorrecht.

9 b) **Das Konkursverfahren** ist **nach dem 27. Febr. 1985** eröffnet worden oder wird erst eröffnet:

aa) Muß ein Sozialplan in einem solchen Konkursverfahren aufgestellt werden, ist § 2 zu beachten (§ 6 Abs. 1).

10 bb) War der Sozialplan vor Eröffnung des Konkursverfahrens aufgestellt worden, ist § 3 zu beachten. Für die Gläubiger dieser Sozialplanfor-

derungen enthält das Gesetz insoweit eine unechte Rückwirkung. Für die Gläubiger dieser Sozialplanforderungen bringt das Gesetz insgesamt gesehen jedoch keine Nachteile. Die Gläubiger mußten bis zum Inkrafttreten des Gesetzes damit rechnen, daß ihre Forderungen nur als einfache Konkursforderungen ohne Vorrecht berichtigt wurden (vgl. BAG 30. 4. 84, AP Nr. 23 zu § 112 BetrVG 72). Jetzt werden ihre Forderungen im wesentlichen nach § 61 Abs. 1 Nr. 1 berichtigt und nur zum geringeren Teil nach § 61 Abs. 1 Nr. 6.

3. Beseitigung der Rangstelle „null"

11 Nach dem Beschluß des BAG vom 13. 12. 78 (AP Nr. 6 zu § 112 BetrVG) waren häufig Forderungen aus Sozialplänen mit einem Vorrecht vor den in § 61 Abs. 1 Nr. 1 aufgeführten Forderungen festgestellt worden (mit der sogenannten Rangstelle „null"). Zu dieser Feststellung konnte es kommen, wenn der Konkursverwalter dem angemeldeten Vorrecht nicht widersprochen hatte (§ 144 Abs. 1 KO), oder wenn es zu einem das Vorrecht feststellenden rechtskräftigen Urteil gekommen war (§ 146 KO).

§ 6 Abs. 3 erklärt dieses festgestellte Vorrecht für unbeachtlich. Der Konkursverwalter braucht das Vorrecht bei der Verteilung nicht zu berücksichtigen. Unbeachtlich ist das Vorrecht aber auch in allen anderen verfahrensrechtlichen Zusammenhängen, in denen auf ein Vorrecht im Konkurs abgestellt wird (vgl. z. B. § 26 VerglO).

12 Ist das Vorrecht unbeachtlich, besteht zunächst kein Vorrecht mehr, auch nicht das Vorrecht nach § 61 Abs. 1 Nr. 1 KO. Der Gläubiger einer solchen Forderung muß daher sein Vorrecht erneut anmelden (vgl. § 4 Rdnr. 4). Letztlich bedeutet diese Regelung eine Durchbrechung der materiellen Rechtskraft.

Das Konkursgericht hat die Unbeachtlichkeit des Vorrechts von Amts wegen in der Tabelle zu vermerken.

13 § 6 Abs. 3 gilt nicht nur für Sozialpläne im Sinne der §§ 2 und 3, sondern auch für solche Sozialpläne, die früher als drei Monate vor dem Insolvenzantrag aufgestellt wurden. Unwirksam ist auch die für Ansprüche auf Nachteilsausgleich festgestellte Rangstelle „null" (zur konkursrechtlichen Behandlung dieser Ansprüche vgl. § 1 Rdnr. 12 ff).

4. Neuanmeldung des Vorrechts nach § 61 Abs. 1 Nr. 1 KO

14 § 5 Abs. 4 gibt dem Gläubiger einer Forderung, für die das Vorrecht (Rangstelle „null") für unbeachtlich erklärt wurde, die Möglichkeit, das durch dieses Gesetz begründete Vorrecht nach § 61 Abs. 1 Nr. 1 KO nachträglich anzumelden. Ohne diese Anmeldung kommt nur eine Berichtigung der Forderung nach § 61 Abs. 1 Nr. 6 – ohne Vorrecht – in Frage. Eine Anmeldung des Vorrechts ist dringend zu empfehlen. Von Amts wegen wird nur das Vorrecht der Rangstelle „null" beseitigt (Vorrecht vor dem Recht nach § 61 Abs. 1 Nr. 1 KO); von Amts wegen wird aber nicht das neue Vorrecht nach § 61 Abs. 1 Nr. 1 eingetragen.

Das ist auch nicht möglich, weil unter Umständen Teile der Forderung nur nach § 61 Abs. 1 Nr. 6 berichtigt werden können (vgl. § 6 Rdnr. 6).

15 § 6 Abs. 4 Satz 1 gestattet aber auch den ArbN, deren Sozialplanforderungen – entsprechend dem Urteil des BAG vom 30. 4. 84 (AP Nr. 23 zu § 112 BetrVG 72) – ohne Vorrecht festgestellt wurden, das Vorrecht des § 61 Abs. 1 Nr. 1 KO nachträglich anzumelden. In diesem Fall wird die materielle Rechtskraft zugunsten der ArbN durchbrochen.

16 Von den Kosten eines besonderen Prüfungstermins werden die ArbN befreit, wenn sie das Vorrecht bis zum 28. April 1985 angemeldet hatten (§ 6 Abs. 4 Satz 2). Ein besonderer Prüfungstermin ist immer dann erforderlich, wenn für eine bisher ohne Vorrecht angemeldete Forderung ein Vorrecht in Anspruch genommen wird.

17 Die relative Begrenzung des Sozialplanvolumens nach § 4 Satz 2 und 3 gilt nicht für die Übergangsfälle.

5. Keine Rückabwicklung

18 Der ArbN, der infolge eines zu Unrecht festgestellten Vorrechts vor den in § 61 Abs. 1 Nr. 1 KO aufgeführten Forderungen bei der Verteilung der Konkursmasse mehr erhalten hat, als ihm nach diesem Gesetz zustehen würde, braucht nichts zurückzuzahlen. Das gleiche gilt zugunsten der (anderen) Gläubiger, deren Forderungen berichtigt wurden, ohne daß dabei das Vorrecht der ArbN als Sozialplangläubiger berücksichtigt worden wäre. Umgekehrt können Sozialplangläubiger, deren Forderungen bisher als einfache Konkursforderungen behandelt worden waren, jetzt nicht andere Konkursgläubiger auf Herausgabe einer ungerechtfertigten Bereicherung in Anspruch nehmen mit der Begründung, in Wahrheit habe ihnen ein Vorrecht zugestanden.

19 Nach § 6 Abs. 5 Satz 2 wird der Bestand eines angenommenen Vergleichs (§ 74 VerglO) nicht dadurch in Frage gestellt, daß ein ArbN nur deshalb am Vergleich nicht beteiligt wurde, weil alle Beteiligten auf die Rechtsprechung des BAG vertrauten und ihm das Vorrecht uneingeschränkt zugebilligt haben. Der Vergleich wird auch nicht dadurch gefährdet, daß sich ein ArbN tatsächlich beteiligt hat, obwohl er nach diesem Gesetz (§ 5) kein Vergleichsgläubiger war (s. o. § 5 Rdnr. 6).

6. Berlin-Klausel

20 § 7 enthält die übliche Berlin-Klausel.

Stichwortverzeichnis

Fett gedruckte Zahlen verweisen auf die §§ des Betriebsverfassungsgesetzes (Teil I – §§ 111 bis 113) und des SozplKonkG (Teil II – §§ 1–6). Magere Zahlen verweisen auf die Randnummern.